सबसे उदास कविता

लेखक का पता है : 108 द माल, अम्बाला छावनी–133001 (हरियाणा)

सबसे उदास कविता

स्वदेश दीपक

वाणी प्रकाशन

प्रकाशन के उत्कृष्टतम 61 वर्ष

vaniprakashan.com

सजिल्द पहला संस्करण : 2024

वाणी प्रकाशन
4695, 21-ए, दरियागंज, नयी दिल्ली-110 002
फ़ोन : +91 11 23273167, 23275710

शाखाएँ
अशोक राजपथ, पटना-800 004, बिहार
कॉफ़ी हाउस कैम्पस, महात्मा गांधी मार्ग, प्रयागराज-211 001, उत्तर प्रदेश
महात्मा गांधी अन्तरराष्ट्रीय हिन्दी विश्वविद्यालय, वर्धा-442 001, महाराष्ट्र
36/ए, शेक्सपियर सरणी, रानी बिरला गर्ल्स कॉलेज के पास, कोलकाता-700 017, प. बंगाल
sales@vaniprakashan.in
vaniprakashan@gmail.com

Sabse Udaas Kavita
by Swadesh Deepak

ISBN : 978-93-5775-442-2
Play

मूल्य : ₹ 295

आर. टेक ऑफ़सेट प्रिंटर्स, दिल्ली-110 032 में मुद्रित

वाणी प्रकाशन का लोगो मक़बूल फ़िदा हुसेन की कूची से

निर्मल वर्मा के नाम

Cast a cold eye
On life, on death
Horsemen, pass by!

W.B. Yeats

पात्र

अपूर्वा : पत्रकार
अधेड़ महिला : ज़मींदार की पत्नी
सुकान्त : डॉक्टर
अधेड़ आदमी
रामशरण : कम्पाउंडर
कुछ मरीज़ : उनका मुखिया–पुरुष
औरतें मर्द
अहूजा : डी.एस.पी.
शिवदयो सिंह : ज़मींदार
जगमाल सिंह : अंगरक्षक
सूर्यस्वामी : अपूर्वा के साथी
नरेन
3 युवक
लक्ष्मन : एस.पी.
दारोगा
नौकर
नौकरानी
रिटायर्ड जज
वार्डर–2
जेलर
सन्तरी
जनगायक

श्रीराम सेंटर, नयी दिल्ली में 19 जून, 1998 को प्रथम मंचन

मंच पर

मरीज़ : सपना खराना, ऋषभ देव, शफ़ीक़ अंसारी, मणिकान्त चौधरी
रामशरण : प्रमोद कुमार
डॉ. सुकान्त : राजेश कुमार
अपूर्वा : नन्दिनी अरोड़ा
नरेन : वसीम ख़ाँ
अमर : अमरनाथ
डी.एस.पी. अहूजा : दीपक डोणियाल
अन्य सिपाही : राजीव माथुर, अनूप चौधरी
ज़मींदार : आशीष शर्मा
जगमाल : अमित कोहली
ज़मींदार की पत्नी : सोनू मिश्रा
हथियारबन्द विद्रोही : शफ़ीक़ अंसारी, ऋषभ देव
एस.पी. लक्ष्मण : सुधीर प्रायान
आर.ए.एफ. सिपाही : बसन्त कुमार
लेडी इंस्पेक्टर : राधिका राव
ज़मींदार का नौकर : राजन कुमार/संजय सिंह
सूर्यस्वामी : संजीव जुगराल
जज के नौकर : बिलाल कुरैशी/मणिकान्त चौधरी
जज : विष्णु प्रसाद
जेलर : अनूप चौधरी
दारोगा : राजीव माथुर

अंक एक

नाटक आरम्भ होने की अन्तिम घंटी बज चुकी। मंच पर अभी अँधेरा। कुछ अभिनेता समूह में नाटकीय स्वर में कविता पढ़ेंगे, मंच बिल्कुल ख़ाली। कविता के अन्त तक पहुँचने पर धीरे–धीरे मद्धिम प्रकाश फैलना आरम्भ।

वह आती है
धरती के किसी कोने से उठता है विलाप
आकाश के किसी कोने से राख झरती है
वह आती है
जीवन की किसी एक पंक्ति पर विरामचिह्न
लगाने की कोशिश करती हुई!

हरी टहनियाँ किसी पीले पत्ते को
डाल से टूटते हुए देखती हैं!

वह आती है
लेकिन धूल में कहीं भी उसके पाँव के निशान
नहीं बनते!
उसे हमारी देह से कुछ भी लेना–देना नहीं
वह सिर्फ़ साँसों को ले जाती है चुपचाप!
वह सिर्फ़ उसी को दिखती है
जिसके पास आती है।

बाक़ी लोग सिर्फ़ महसूस करते हैं
किसी चीज़ के पास से गुज़र जाने को!

दृश्य एक

एक बहुत छोटे अस्पताल का छोटा–सा कमरा, मेज़ के दोनों तरफ़ एक–एक कुर्सी। दरवाज़े के बाहर रखी बेंच का छोटा–सा हिस्सा दिखाई देता है। एक बल्ब के प्रकाश में मैला–सा उजाला। दरवाज़े से एक युवक का प्रवेश, पीछे एक अधेड़ आदमी।

रामशरण : डॉक्टर साहब। दस दिन का अवकाश चाहिए। माँ बीमार...।

सुकान्त : आपने दवाइयाँ और बैंडेजिज मँगवा लीं। कल कहा था रामशरण।

रामशरण : नो फंड सर।

सुकान्त : ब्लड प्रेशर इंस्ट्रूमेंट भी ठीक नहीं। इसे...।

रामशरण : नो फंड सर।

सुकान्त : बैलेंस तो है। कल ख़ुद साइन की थी कैश बुक।

रामशरण : सर, कल और आज के बीच बहुत समय सरक गया। दिल्ली की सरकार भी सरकी कि...।

सुकान्त : आप दिल्ली की चिन्ता छोड़ें। मरीज़ों की चिन्ता करें, मरीज़ों की। दवाई तो देनी...।

दरवाज़े में खड़ी एक महिला यह बातचीत सुनती हुई। कपड़े एकदम अच्छे। कटे बाल, कन्धों पर बिखरे। होंठों पर निर्मल मुस्कान। सुन्दर, सौम्य व्यक्तित्व।

रामशरण : आप नये आये हैं इस निर्धन और पिछड़े इलाक़े में। तभी इतनी चिन्ता कर रहे हैं। इन लोगों को मरने की आदत हो गयी है। महुआ पीकर मरना। घर की

निकली शराब पीकर मरना। किसी की घरवाली के साथ रँगे हाथों पकड़े जायें तो क़त्ल होकर मरना। आपकी दवाई से बच भी गये तो भी मारे ज़रूर जायेंगे। आपस में झगड़कर, नहीं तो ज़मींदार की सेना के हाथों, इन लोगों के भाग्य में लिखा है औरों के हाथों मरना।

महिला का कमरे में प्रवेश। मेज़ पर आधा झुके अधेड़ ने डॉक्टर को चेतावनी दी।

रामशरण : पत्रकार है। अपूर्वा। थोड़ा सोचकर बोलिए।

अपूर्वा : इसने बता ही दिया आपके कान में। फिर भी फ़ॉर्मल इंट्रो तो होनी ही चाहिए। मैं अपूर्वा हूँ, वर्क फ़ॉर डेल्ही पेपर्ज़। फ़्रीलांस। आपका परिचय तो बाहर लगी नेम–प्लेट से हो गया, डॉ. सुकान्त वेलकम टू दिस गाडफ़ॉरसेकन प्लेस।

रामशरण : आपके आने का तो पता ही नहीं चला। एकदम जासूसों जैसी चाल...।

अपूर्वा : रामशरण, इन दिनों हर किसी के पीछे एक जासूस लग गया है। सरकार का जासूस, हमारा जासूस, नहीं तो आत्मा का जासूस। मत दो नये डॉक्टर साहब को मरीज़ मारने की ट्रेनिंग। नहीं तो लग जायेंगे तुम्हारे पीछे कुछ लोग। ले आओ दवाइयाँ।

रामशरण डरी चाल से बाहर गया, सुकान्त ने अपूर्वा को कुर्सी पर बैठने का संकेत किया। अपूर्वा बैठी तो सुकान्त का सिर नीचे झुका हुआ।

अपूर्वा : आप इस बैकवर्ड एरिया में अकेले कैसे आ गये। माँ जी को लाये होते।

सुकान्त : माँ तो मर गयी।

अपूर्वा : तो पिताजी को...

सुकान्त : पिता भी मर गये।

अपूर्वा : और आपकी शादी तो हो ही नहीं सकती।

सुकान्त : क्यों? हो क्यों नहीं सकती?

अपूर्वा : क्योंकि आप किसी लड़की की तरफ़ देखते जो नहीं। कैसे बैठे हैं सिर झुकाकर। जैसे कहीं मेरी नज़र न लग जाये।

सुकान्त का सिर थोड़ा और नीचे।

अपूर्वा : अरे डॉक्टर सुकान्त, आप तो ब्लश कर रहे हैं। व्हाट माडेस्टी। व्हाट इनोसेंस। ए ग्रीक गॉड, बट विद अ हार्ट ऑफ़ वुमेन। अच्छा बतायें तो। आपका इतना ख़ूबसूरत और अर्थपूर्ण नाम किसने रखा?

सुकान्त : माँ। मेरी माँ ने।

अपूर्वा : ख़ूब पढ़ी–लिखी थीं।

सुकान्त : नहीं, लेकिन सारा–सारा दिन कविता की किताबें पढ़ती रहती थीं। उन दिनों तो कोई किताब हमेशा उनके हाथ में होती थी जब पिता दिन–रात शराब पीते और डरावनी आवाज़ में सहगल के गाने गाते।

अपूर्वा : *(उदास आवाज़)* एक उदास कविता।

सुकान्त : जी! क्या कविता...।

अपूर्वा : हाँ डॉक्टर सुकान्त। औरत सबसे उदास कविता होती है। लगातार संघर्ष करता लेकिन लगातार पराजित होता मज़दूर सबसे उदास कविता है। खेतों में शिशु को जन्म देती माँ सबसे उदास कविता है। निर्धनता सबसे उदास कविता है। बातूनी लड़की का अचानक चुप हो जाना सबसे उदास कविता है। मर रहे आदमी के बोले हुए अन्तिम वाक्य के जब अन्तिम शब्द याद रह जाते हैं, वह सबसे उदास कविता है *(छोटी चुप्पी)*।

सुकान्त : मुझे तो कुछ समझ...।

अपूर्वा : हाँ डॉक्टर सुकान्त। सही और सच्ची बातें जल्दी समझ नहीं आतीं। फँस गये हैं लोग दलदल में। उन्हें आनन्द आने लगा है इसमें। नहीं आयेंगे खुली और साफ़ धरती पर। पता है क्या सोचते हैं? एक बाँसुरीवाला अवतार लेगा, हाथ पकड़ ले जायेगा उन्हें सुख के स्वर्ग में। फ़ूल्ज़। वेटिंग फ़ॉर गोदो।

सुकान्त : गोदो। गोदो कौन?

अपूर्वा : नहीं पढ़ा आपने? लगता है कुछ भी नहीं पढ़ा। शायद अपनी कोर्स की किताबें ही पढ़ी हैं डॉक्टर सुकान्त।

सुकान्त : आप इतनी नाराज़गी से क्यों बोलती हैं मेरा नाम! हाँ। कुछ नहीं पढ़ा मैंने। मैट्रिक में था तो पिता मर गये। उनकी पेंशन से पढ़ाई जारी रह सकी। मार्क्स अच्छे आये। मेडिकल कॉलेज में एडमिशन हो गया। माँ मरी तो पेंशन बन्द। सीनियर्स से किताबें माँगता, सारी–सारी रात नोट्स लेता था। जानती हैं आप भूखे पेट पढ़ाई की तकलीफ़। नो, यू डोंट नो। यू सी द वर्ल्ड विद कलर्ड ग्लासेज़। ब्राइट, ब्यूटीफुल वर्ल्ड ऑफ़ यूअर मेक बिलीव ड्रीम्स। ए नो, नो, नो, वर्ल्ड।

अपूर्वा : *(खिलखिल हँसी)* रे। आपको तो गुस्सा भी आता है। आपकी माँ कविताएँ पढ़ती थी न। ज़रूर सुकान्त भट्टाचार्य के नाम पर आपका नाम रखा होगा। द वॉरियर पोएट।

सुकान्त : कौन सुकान्त भट्टाचार्य?

अपूर्वा : जो जानते हैं उनके लिए सब कुछ। जो नहीं जानते उनके लिए कुछ भी नहीं।

सुकान्त : आप मुझे कुछ अच्छी किताबें देंगी अपूर्वा जी।

अपूर्वा : ज़रूर दूँगी सुकान्त जी। अगर आप मेरे नाम के साथ जी लगाना बन्द करेंगे।

सुकान्त : ज़रूर लूँगा अपूर्वा। अगर आप मेरे नाम के साथ डॉक्टर लगाना बन्द करेंगी। बिल्कुल गाली की तरह बोलती हैं आप।

कम्पाउंडर का प्रवेश।

रामशरण : मरीज़ आ गये। मैडम का इंटरव्यू पूरा हो गया हो तो अन्दर भेजूँ। वैसे इन लोगों को बैठे–बैठे प्रतीक्षा करने की आदत है।

सुकान्त : आप केमिस्ट से दवाइयाँ लाये?

रामशरण : आपको जानता ही कौन है। चार दिन पहले यहाँ आये हैं। कैमिस्ट आपके नाम पर क्योंकर उधार देगा।

सुकान्त का सिर नीचे। अपूर्वा ने कुछ क्षण रामशरण की ओर तेज़ आँखों से देखा।

अपूर्वा : बना दूँ छोटी–सी ख़बर। डिस्पैंसरी में दवाइयाँ न होने की। जबकि आपकी कैश बुक में बैलेंस है। वैसे आपको एक ख़बर दूँ। थोड़े दिनों में, बिल्कुल थोड़े ही दिनों में इन लोगों को बैठे रहने की आदत नहीं रहेगी। बस। उठे कि उठे।

रामशरण : *(डरी आवाज़)* नहीं मैडम। ख़बर क्योंकर लगानी। मैं अपने नाम पर दवाइयाँ लाता हूँ *(बाहर गया)*।

सुकान्त : आपसे तो डर गया। मुझे तो यूँ पलट कर जवाब...।

अपूर्वा : आप वर्दी जो नहीं डालते।

सुकान्त : वर्दी।

अपूर्वा : हाँ। सफ़ेद कोट। बहुत डरते हैं इस देश में लोग वर्दी से। एक पुलिसवाला दसियों आदमियों को थप्पड़, जूतों और लाठी से पीट डालता है। और चुपचाप खड़े रहते हैं लोग। विरोध बहुत बढ़ जाये तो सरकार फ़ौज को घुमा देती है सड़कों पर।

फ़्लैग मार्च। नहीं डरते लोग आदमी से। दहशत है तो सत्ता और सरकार की प्रतीक वर्दी से।

रामशरण का प्रवेश। दवाइयाँ मेज़ पर रखीं। चाय वाले लड़के को इशारे से अन्दर बुलाया। लड़के ने एक–एक गिलास सबको दिया।

अपूर्वा : *(मुस्कान)* आप तो बाबूजी दिल की बात बूझ लेते हैं। मरी जा रही थी एक कप चाय के लिए।

रामशरण : कम मीठा और स्ट्रांग। मैं आपकी पसन्द जानता हूँ।

अपूर्वा : कहीं आप सब कुछ तो नहीं जानते मेरे बारे में।

रामशरण डरकर पीछे हटा। सिर झुका।

सुकान्त : बाहर ही देख लेते हैं मरीज़। कब से बैठे हैं।

तीनों बाहर आये। दो बेंचों पर बैठे अधनंगे औरत मर्द। सुकान्त द्वारा देखना शुरू पर्ची पर लिख रामशरण को पकड़ाता, वह दवाई देता। तभी बाहर क़दमों की आवाज़। दौड़कर एक पुरुष अन्दर आया।

पुरुष : डी.एस.पी. अहूजा। पुलिस के साथ। जब से ज़मींदार के बेटे का ख़ून हुआ है दिन–रात हमारे पीछे पड़ा है। *(औरतों की ओर मुड़कर)* तुम लोग घर जाओ। और सुनो। जो मर्द काम पर न गये हों उन्हें तुरन्त यहाँ भेज दो।

उसने नीचे झुक बेंच पर रखा भाला उठाया और अपूर्वा के पास खड़ा हो गया। शेष दो मर्दों ने लाठियाँ पकड़ीं। अपूर्वा को लगभग घेरे में ले लिया। कन्धे चौड़े हो गये, आँखें अपलक और निडर। डी.एस.पी. अहूजा का दो सिपाहियों के साथ प्रवेश। गर्दन दर्प से तनी हुई। बरछा पकड़े आदमी के सामने तेज़ क़दमों से आया, घूरा। उस आदमी के कन्धे और चौड़े हो गये। उसके हाथ से बरछा

छीना, नीचे पटका, उसकी छाती पर हाथ रख पीछे धक्का दिया।

अहूजा : *(सिपाहियों से)* इनके हथियार बाहर फेंको। *(उस तने हुए आदमी से)* जानते नहीं। सरकारी बिल्डिंग में हथियार लेकर दाख़िल होना जुर्म है। अगली बार अन्दर कर दूँगा।

सिपाही हथियार फेंक अन्दर लौटे।

अपूर्वा : ये हथियार नहीं। इस प्रदेश के लोगों के शरीर का अंग है। जैसे आपके पंजाब में तलवार।

अहूजा : हैलो मिस जर्नलिस्ट। आपको बहुत जानकारी है पंजाब के बारे में।

अपूर्वा : हमें सारे देश की बहुत जानकारी है मिस्टर डी. एस.पी.। यह भी जानती हूँ आपके पॉलिटिकल कनेक्शन बड़े पावरफुल हैं। तभी उन लोगों से डरकर आप इस प्रदेश में डेपुटेशन पर आये हैं। निर्बल और निर्धन लोगों का प्रदेश। पुलिस के लिये स्वर्ग, गोल्ड माइन। जब जी चाहे जिसे मार दो एनकाउंटर के नाम पर। कौन माँ का जाया कर सकता है शिकायत आप लोगों की।

अहूजा : *(डॉक्टर की तरफ़ गर्दन मोड़)* कैसे आने दिया तुमने इन जैसे लोगों को अस्पताल के अन्दर? ये लोग...।

सुकान्त : सॉरी सर। मुझे तो पता ही नहीं था कैसे लोग...।

अहूजा : खुल गयी है इस औरत की फ़ाइल। थाने आकर देख लेना। हमें पता है सब कुछ इसके बारे...।

अपूर्वा : हमें भी आपका सारा इतिहास पता है। पंजाब में तीन बेगुनाह लोगों का मर्डर कर राष्ट्रपति पदक लेने की कोशिश। नहीं रहने देते वे लोग जिन्दा अगर डेपुटेशन पर यहाँ न भाग आते। वे यहाँ भी आ सकते हैं, बदला लेना उनका धर्म है।

अहूजा : मत बोला कर इतना। जिस दिन थाने...।

अपूर्वा : सामूहिक बलात्कार करोगे। गैंग रेप। जैसे उस आदिवासी औरत का किया था। आपकी वाइफ़ तो इतनी सुन्दर है। बदबू नहीं आयी उस बदसूरत, निर्धन औरत से। सुना है आप लोगों को बहुत मज़ा आता है एक असहाय औरत का रेप करने में। बढ़ जाता है कुछ इंच पुरुष होने का दम्भ और दर्प।

अहूजा : तुम मेरी वाइफ़ के बारे में क्या जानती...।

अपूर्वा : बाज़ार अकेली जाती है। तुम्हारे बेटे के बारे में भी जानते हैं। कारमेल कॉन्वेंट में तीसरी क्लास का स्टूडेंट। दो सिपाही छोड़ने जाते हैं। स्कूल बन्द होने तक गेट के पास बैठ बीड़ियाँ फूँकते रहते हैं। खोल ली है हमने भी तुम्हारी फ़ाइल।

अहूजा : *(थोड़ा भय)* मेरे बेटे–बीवी ने क्या बिगाड़ा...

अपूर्वा : कुछ नहीं। कुछ नहीं बिगाड़ा डी.एस.पी., रण ठन गया है। शत्रु के बारे में पूरी जानकारी रणनीति कहलाती है।

अहूजा : डोंट थ्रेटन। इसी बात पर अन्दर...।

अपूर्वा : अब नहीं रहे दिन लोगों को अन्दर करने और मर्डर करने के।

अहूजा : *(व्यंग्य)* कहाँ गये दिन?

अपूर्वा : क्योंकि खोये हुए घोड़े लौट आये हैं।

अहूजा : *(हैरान)* क्या? कौन लौट आया...।

अपूर्वा : खोये हुए घोड़े लौट आये हैं। हवा ठण्डी और क्रूर हो गयी है। बोथ कोल्ड एंड क्रुअल। अब होगा हमला हवा का।

अहूजा : भगवान से डरता हूँ औरत पर हाथ उठाने में। नहीं तो...

अपूर्वा : भगवान से मत डरो। मत डरो भगवान से। आदमी से डरो। लोगों की आँखों में कौंध आ गयी है। विचार के शिल्पी ने बदलना शुरू कर दिया है उनकी आत्मा के आकार को। एवरीथिंग रॉटन विल बी बर्न्ट टू द रूट्स।

अहूजा : जानता हूँ तू इंग्लिश बहुत बोलती है। कॉन्वेंट में जो पढ़ी है। जानता हूँ पिछले दो सालों से इस इलाक़े में है। जर्नलिस्ट होने की आड़ है लोगों को भड़काने के लिए। यह भी जानता हूँ, इन बाग़ियों को सारी ख़बरें तू देती है। जानता हूँ उस ज़मींदार के बेटे के क़त्ल में तेरा हाथ है। जानता...।

अपूर्वा : इतना कुछ जानते हो तो पकड़ क्यों नहीं लेते?

अहूजा : पकड़ूँगा। ज़रूर पकड़ूँगा। जिस दिन पक्के सबूत हाथ लग गये, उस दिन तू होगी और मैं।

अपूर्वा : बड़ा भयंकर होगा वह दिन जब तुम मुझे पकड़ोगे।

अहूजा : अच्छा। क्यों?

अपूर्वा : क्योंकि वापस लौट आये घोड़े उस दिन तुम्हें रौंद डालेंगे।

अहूजा : *(अधनंगे मर्दों से)* फिर हथियार लेकर चलते देखा तो...। *(सुकान्त से)* डॉक्टर। आगे से यह औरत यहाँ नहीं आनी चाहिए। नहीं तो मैं तुम्हें सस्पैंड करवा दूँगा। *(अपूर्वा से)* गुड बाई मिस जर्नलिस्ट। जल्दी होगी मुलाक़ात। द फ़ाइनल मीटिंग बिटवीन लॉ एंड अनार्की।

अपूर्वा : गुड बाई मिस्टर डी.एस.पी.। जल्दी होगी मुलाक़ात। बिटवीन द एयर गॉन मैड एंड हैल्पलेस स्ट्रॉज़।

अहूजा और सिपाहियों का जाना। तना हुआ आदमी अपूर्वा के पास आया।

आदमी : दीदी, इसे आज रात...

अपूर्वा : नहीं। अभी नहीं। बढ़ लेने दो इसके अत्याचार। तब मारना। लोग उत्सव मनायेंगे इसकी मौत पर। *(सुकान्त के पास गयी।)*

अपूर्वा : तुम्हें पुलिस से बहुत डर लगता है।

सुकान्त : *(सिर झुक गया)* हाँ।

अपूर्वा : थोड़ा ख़तरनाक बनो।

सुकान्त : क्या? क्या बनूँ?

अपूर्वा : ख़तरनाक।

सुकान्त : क्यों?

अपर्वा : क्योंकि ख़तरनाक आदमी से लोग डरते हैं।

सुकान्त : सच! लेकिन मैं कैसे...।

अपूर्वा : हम बना देंगे ख़तरनाक। *(मुस्कान)* ठीक। अब चलते हैं।

सुकान्त : आप फिर आयें...।

अपूर्वा : कितना डरते हो, मुझे तुम क्यों नहीं बुलाते?

सुकान्त : *(आँखें नीची)* तुम फिर आओगी न अपूर्वा?

अपूर्वा : आऊँगी। ज़रूर आऊँगी मेरे डरपोक ग्रीक गॉड।

घुँघरू बजने की मधुर लय आवाज़ें।

अँधेरा।

दृश्य दो

एक भव्य बैठक में बैठा भव्य अधेड़ व्यक्ति। हाथ में हिन्दी की कोई किताब। उसका हथियारबन्द अंगरक्षक दरवाज़े पर आया।

बड़े सरकार : आ जाओ। भीतर आ जाओ जगमाल सिंह। कोई मिलने...

जगमाल : जी बड़े सरकार। *(घृणा से)* वह पुलिस वाला। डी. एस.पी. अहूजा। अभी तक छोटे कुँवर के हत्यारे...।

बड़े सरकार : इससे नहीं पकड़े जाने के। हमीं उठायेंगे शस्त्र बहुत शीघ्र। लेकिन करने दो कोशिश उसे कुछ दिन और। जितना असफल होगा उतना ही अपनी आँखों में गिरेगा। मनोबल समाप्त हुआ नहीं कि आया हमारी शरण में। तब बनेगा हमारे हाथों का खिलौना। भेजो। अन्दर भेजो उसे।

जगमाल दरवाज़े की ओर चला, रुक गया, मुड़कर बड़े सरकार की तरफ़ देखने लगा।

बड़े सरकार : कुछ कहना है क्या? बोलो। निडर होकर बोलो।

जगमाल : हमारी हथेलियों में चिनगारियाँ फूटना आरम्भ हो गयीं।

बड़े सरकार : आ गया समय किसी का ख़ून करने का। लग गयी नदी जल में आग। रुक जाओ। थोड़े दिन और रुक जाओ जगमाल। बन जाने दो हमारी रणनीति। *(जगमाल जाने के लिए मुड़ा)* अहूजा जब अन्दर आ जाये तो देख आना उसकी कार कैसी है। नयी अथवा पुरानी। हमारे कान में बताना।

जगमाल के चेहरे पर थोड़ी हैरानी। वह बाहर गया। अहूजा दरवाज़े तक आया, रुक गया।

बड़े सरकार : वहाँ क्यों रुक गये, अहूजा? भीतर आ जाओ। हमारे पास बैठो।

अहूजा : जी सर। हम क़दमों की ख़ाक और आपके पास...।

बड़े सरकार : मत बोलो यह दरबारी भाषा। हम तुम्हारे आला अफ़सर तो हैं नहीं, फिर यह नपुंसक भाषा क्यों? आश्चर्य होता है। आपके इलाक़े के पुरुष कितने बलशाली हैं, लेकिन अपने से ऊँचे लोगों से बात करते हुए कैसे मिमियाते हैं।

अहूजा : जी बड़े सरकार। आप सही फरमाते...।

बड़े सरकार : मित्र कभी फ़रमाते नहीं, बात करते हैं, अहूजा। लेकिन इसमें आपका क्या दोष। जो लोग सत्ता के समीप और शासक के साये तले रहें वे निर्बल हो जाते हैं। बुद्धिदास। उनकी अपनी सोच को दीमक चाट जाती है। आप लोग हमेशा से दिल्ली के नज़दीक रहे। पहले मुग़ल, फिर अंग्रेज़ और स्वतन्त्रता के बाद अपने लोमड़ी लीडर। कहाँ से आयेगा आत्मबल और कोई निर्णय लेने की इच्छाशक्ति। छोड़िए। कुछ नहीं निकलने का इस बहस से। *(कठोर आवाज़)* कहाँ तक पहुँचे आप छोटे कुँवर की हत्या...।

अहूजा : अभी तक कोई सुराग और सबूत नहीं मिला ख़ूनी का।

बड़े सरकार : मत बोलो एक वचन। बहुवचन में बोलो, बहुवचन में। हमारे प्रदेश में किसने माँ का इतना दूध पिया है कि अकेले मार सकता हमारे बेटे को। विद्रोहियों ने उसे घेरकर मारा। सैकड़ों ख़ूनियों ने।

अहूजा : जी बड़े सरकार। घेरा तो भीड़ ने था। लेकिन जिसने मारा उसकी पहचान और सबूत...।

बड़े सरकार : नहीं होगी पहचान। नहीं मिलेगा सबूत। यह गुरिल्ला विद्रोही अपने पीछे कोई पहचान नहीं छोड़ते। यह प्रतिबद्ध लोग हैं। सशस्त्र क्रान्ति से सरकारें बदलनेवाले लोग।

अहूजा : सुना है कुँवर साहब तो बड़े नरम दिल...।

बड़े सरकार : हाँ। थे नरम दिल। और यही था उनका दोष। उनको विदेश भेजा उच्च शिक्षा के लिए। आधुनिक बन गये। योद्धा भेजा और दयावान लौटा। झट से इन खेतिहर मज़दूरों की माँगें मान लीं। चावल एक

किलो से डेढ़ किलो। खेतों के पास मकान। थोड़ा सुख मिला तो और सुख की आकांक्षा बढ़ गयी। बना देती है दया हम लोगों को एक लँगड़ा बाघ। जो छलाँग लगा ही न सके ऐसा बाघ। भूल गया कि हम लोगों को दया का मात्र नाटक करना होता है। बस फेंक दिया कभी–कभी दया का टुकड़ा उनके आगे। जब किसी दुर्घटना में मरते हैं सैकड़ों लोग तो क्या करते हैं राष्ट्रपति और प्रधानमन्त्री? शोक सन्देश। मात्र शोक सन्देश। इनके लिए कभी जान नहीं देता कोई शासक।

एक गरिमामयी महिला का प्रवेश। पीछे घूँघट निकाले, हाथों में चाय की ट्रे लिए नौकरानी।

अहूजा : *(महिला की तरफ़ बढ़ा, झुका)* प्रणाम माता जी, मैं आप...।

महिला : बैठ जाइए अपने स्थान पर। आपका साहस कैसे हो गया हमें माता जी बुलाने का। मेरे जवान बेटे की हत्या कर दी गयी, और आप हमें अपमानित करेंगे, माता जी पुकारकर। एक कील और ठोंकेंगे हमारी छाती में।

बड़े सरकार : आप क्योंकर चली आयीं यहाँ? अपने कमरे में आराम...।

महिला : ख़ूब आराम दे रहे हैं आप। हाथ पर हाथ धर के बैठिए। हमें आराम ही आराम, भूल जायेंगे हम बेटे की हत्या।

अहूजा : आप सब्र रखें। छोटे कुँवर के हत्यारे को हम...।

महिला : जब राजपुत्र मरता है तो सौ लोगों को मरना होता है–व्हेन बेगर्ज़ डाई देयर आर नो कामेट्स सीन, द हैवन्स दैमसेल्व्ज़ ब्लेस फ़ोर्थ द डेथ ऑफ़ प्रिंसेज़।

अहूजा हैरानी से उनकी तरफ़ देखता है।

महिला : नहीं पढ़ा? शेक्सपियर पढ़िए। जूलियस सीज़र। ऐक्ट टू, सीन टू।

बड़े सरकार : *(महिला से)* आप शान्त हो जायें। हम समझा दें...।

महिला : कैसे हो जायें शान्त? बेटे की हत्या कर दी जाये और हम शान्त हो जायें? हत्यारे आँखों के सामने घूम रहे हों और हम शान्त हो जायें? कैसे पिता हैं आप? बेटे की हत्या पर राजनीति करेंगे? हम राजवंश के हैं, राजवंश। घुमावदार गलियों में चलने की आदत नहीं। राजपथ पर चलिए, राजपथ पर। नेताओं की संगत में रहते हैं, कहीं कलेजा दहलने तो नहीं लगा। बन्दूक़ चलानी हमें भी आती है। हमारी अपनी वीर सेना है। किसी भी दिन साक्षात् दर्शन हो जायेंगे रणचण्डी के।

अहूजा : हमें पता चला है कि छोटे कुँवर की हत्या उस जर्नलिस्ट अपूर्वा के इशारे पर की गयी। शायद वे उस लड़की...

महिला : हाँ। अच्छी लगी थी वह हमारे कुँवर को। इसमें अचरज कैसा? नारी सदा से भोगने की वस्तु है। वीरों और शासकों के लिए। वीर भोग्या वसुन्धरा। द्रौपदी को भोगा था कि नहीं पाँच पुरुषों ने। अभी एक सैकड़ा और भोगना चाहते थे। हो गया महाभारत।

अहूजा : मैं किसी भी दिन उसे एनकाउंटर में...।

महिला : नहीं। बिल्कुल नहीं मारना उसे मुठभेड़ में। ठोस सबूत खोजिए और पक्का केस बनाइये। उसे आजीवन कारावास होना चाहिए। लाइफ़ सेंटेंस। हम उसे प्रतिदिन मरता देखना चाहते हैं। कई साल लम्बी मौत।

जगमाल अन्दर आया, बड़े सरकार को कुछ पकड़ाया। नौकरानी ने चाय दी।

बड़े सरकार : *(चाबियाँ अहूजा की ओर बढ़ा कर)* लीजिए। नयी कार की चाबियाँ। कल हमारे शोरूम से ले आइए। आप जैसे बहादुर अफ़सर को इतनी पुरानी गाड़ी शोभा नहीं देती। अपनी पुरानी कार शोरूम में छोड़ दें। मैनेजर वाज़िब दामों पर बेच देगा।

अहूजा : नहीं बड़े सरकार। शर्मिन्दा न करें। काम हो जाने पर...

महिला : काम तो आपको करना ही पड़ेगा। कार लें चाहे न लें। आपका कितना सुखी परिवार है। कभी भूल से भी हमें भ्रम न हो कि आप हमारे शत्रु हैं। तब तो प्रलय...।

अहूजा : मेरे लिए क्या हुक्म। मुझे क्या करना...।

महिला : कुछ नहीं करना आपको। किसी भी साँझ गोलियाँ चल सकती हैं। आप और यहाँ के दारोगा उस साँझ तब तक घर बैठे रहें, जब तक गोलियाँ चलती रहें। अब आप गोलियों वाली साँझ के बाद ही अपना मुँह दिखायें। बड़े सरकार ने कार दी, हम कोठी देंगे। *(कमरे से बाहर जाना शुरू)* अब होगा हाहाकार। सैकड़ों लोगों का रक्त पोंछ देगा हमारे बेटे के घावों को। कितनी अच्छी होती है शत्रु–रक्त की गंध। *(बाहर गयी।)*

अहूजा : *(भय)* ऐसा ही करूँगा। लेकिन मेरे ख़िलाफ़ कोई एक्शन...।

बड़े सरकार : एक्शन तो होगा ही। आप सस्पेंड होंगे। महीने–भर में बहाल करवा देंगे। लोगों की आँखों में, अख़बार वालों की आँखों में धूल तो झोंकनी पड़ेगी।

अहूजा : *(खड़े हुए)* ठीक, बड़े सरकार। आप पहले ख़बर...।

बड़े सरकार : मिल जायेगी ख़बर तुम्हें भी सारे देश के साथ। हत्या ख़बर देकर नहीं की जाती। अब जाओ। सीधे घर जाओ *(कठोर आवाज़)* तुम्हारी पत्नी को चिन्ता न लग जाये।

अहूजा गया। इशारे से जगमाल को पास बुलाया।

बड़े सरकार : इस आदमी पर लगातार निगाह रखो। कायर भी है और दग़ाबाज़ भी निकलेगा। अगर डी.आई.जी. अथवा आई.जी. की कोठी पर मिलने जाये तो बीच बाज़ार इसका ख़ून कर दो। तब बुझ जायेगी तुम्हारी हथेलियों में उग आयी आग।

जगमाल दरवाज़े की ओर मुड़ा, हथेलियाँ रगड़ता।

बड़े सरकार : सुनो। इधर आओ।

जगमाल : *(पास आया)* जी, बड़े सरकार।

बड़े सरकार : उस पत्रकार अपूर्वा...।

जगमाल : यह हमसे न होगा सरकार। हम नारी को नहीं मार...

बड़े सरकार : मत बोला करो बीच में। जानते हैं, तुम बच्चों और नारियों की हत्या नहीं कर सकते। अपूर्वा को चेतावनी दे आओ, अहूजा के ख़िलाफ़ सचेत कर दो।

जगमाल : सरकार, समझा नहीं...

बड़े सरकार : तुम्हारी समझ में हमारी बात नहीं आने की। दो शत्रुओं को आमने–सामने खड़ा कर देने की रणनीति। जाओ, अपूर्वा के हाथों...

जगमाल लगातार हथेलियाँ रगड़ता। घुँघरू और नगाड़े की डरावनी आवाज़ों के साथ अँधेरा।

दृश्य दो का अन्त।

दृश्य तीन

दरवाज़े पर सुकान्त और एक युवक। मंच का आधा भाग अँधेरे में।

सुकान्त : कैसे लगी चोट अपूर्वा को?

नरेन : बताया न! खेतों में कोई जंगली जानवर घुस आया था। देसी हथियार हैं न हम लोगों के पास अपूर्वा ने गोली चलायी। नली फट गयी और...।

सुकान्त : कितना बड़ा बेवकूफ़ समझते हो तुम लोग मुझे! अपूर्वा रात को खेतों में...।

नरेन : किसने कहा रात को? आजकल जानवर दिन में खुले घूमते हैं। राजपथ पर भी और छोटी सड़कों पर भी। द मैन हंटिंग एनीमल्स ऑफ़ इंडिया। आन रैम्पेज दीज़ डेज़।

सुकान्त : अपूर्वा खेतों की रखवाली कर रही थी। क्यों? ठीक कहा न! तुम्हें उसे अस्पताल लाना चाहिए था।

नरेन : प्लीज़ डॉक्टर सुकान्त। डोंट गैट इनटू डिस्कशन विद मी। आई एम जस्ट ए मैसेंजर फ़्रॉम द वुंडैड। इतने प्रश्न पूछना कभी–कभी डेंजरस होता है।

सुकान्त : तुम लोग हमेशा धमकी की भाषा...।

नरेन : धमकी की भाषा ही समझ आती है सो काल्ड कुलीन वर्ग को।

दोनों स्टेज के अँधेरे भाग की तरफ़ आये। अब प्रकाश। कुर्सी की पीठ पर सिरहाना। सिर टिकाये आँखें बन्द किये लेटी अपूर्वा, दोनों के पास पहुँचने पर आँखें खोलीं। निर्मल मुस्कान।

सुकान्त : *(अपूर्वा के पास)* लगा जैसे सिरहाने पर सिर रखकर सूरज सोया हो।

अपूर्वा : *(हैरान)* रे, सुकान्त रे। कवि बन गया हमारा सुकान्त। *(ताली पीटने की कोशिश। घायल हाथ में ज़ोर का दर्द। उसने मुँह पर हाथ रख चीख़ रोकी। सुकान्त ने अपूर्वा के चेहरे से हाथ हटाया, घायल हाथ पकड़ा। वह मुस्करायी।)*

सुकान्त : इतना दर्द और तुम मुस्करा...।

अपूर्वा : दुःख–दर्द में मुस्कराने की आदत है हम लोगों को। बहुत बहा लिए दया की भीख के आँसू।

सुकान्त : यह बैंडेज किसने...।

नरेन : हमने बाँधी। पेन किलर भी दे दिये थे।

सुकान्त : तुम डॉक्टर कब से बन गये।

नरेन : जब से अपनी लड़ाई ख़ुद लड़नी शुरू की, तब से बिचौलियों को निकाल बाहर किया। हम अपने घावों का इलाज ख़ुद कर लेते हैं।

सुकान्त : *(उदास)* हाँ। तुम लोगों को सब कुछ आता है। सब कुछ। नहीं आती तो समझाने, बातचीत करने वाली भाषा।

अपूर्वा : बातचीत के हथियार बदल गये हैं। पचास साल तक सुनते रहे एक चमकदार लेकिन झूठी भाषा। जैसी लड़ाई, वैसे हथियार।

सुकान्त : किस लड़ाई की बात करते हो तुम लोग। कुछ लोगों को मारने अथवा ख़ुद मर जाने में क्या परिणाम। आत्महत्या की ओर ले जाने वाली लड़ाई। सुलह–सफ़ाई से...।

नरेन : अब कुछ नहीं होने का सुलह–सफ़ाई की बातों से। जानते हैं आप उन थोड़े से राज करनेवाले वर्ग के लोगों का मन्त्र–पीछे डण्डा मुँह में मिठाई। डण्डा उन्हें नहीं छोड़ता और मिठाई वे नहीं छोड़ते। प्रत्येक लड़ाई में कुछ लोगों का मरना तय होता है।

कभी हम, कभी शत्रु पक्ष के लोग। जो सशस्त्र क्रान्ति की सोचते हैं वे रक्तपात से नहीं डरते।

सुकान्त : अपूर्वा को अस्पताल ले चलो।

अपूर्वा : नो। जो करना है यहीं होगा। अस्पताल पर अहूजा के आदमियों की नज़र है। हमारा कोई भी घायल वहाँ गया तो धर लिया जायेगा। हो सकता है तुम भी।

उसके चेहरे की परेशानी देख खुलकर हँसी।

सुकान्त : स्टॉप लाफ़िंग। विल यू?

अपूर्वा : रे, सुकान्त को गुस्सा आना शुरू हो गया। पुरुष बन जाने की पहली निशानी।

सुकान्त : नहीं बनना मुझे ऐसा पुरुष जो हत्या करता फिरे।

नरेन : मत बोलिए हत्या। राजनीति की लड़ाई में इसे वध कहते हैं। और यह वध विचार करता है, हाथ अथवा हथियार नहीं।

सुकान्त ने दवाइयोंवाला बैग खोला। तेज़ क़दमों से जगमाल सिंह का प्रवेश। हाथ में बरछा। नरेन और अपूर्वा के चेहरों पर भय। नरेन थोड़ी दूर रखे अपने थैले की ओर झपटा।

जगमाल : न बाबू साहेब। हथियार मत निकालिये। अभी हमें आज्ञा नहीं मिली आपका ख़ून करने की। न बड़े सरकार से न महाकाल से।

सुकान्त : कौन है यह?

नरेन : बड़े सरकार का किराये का हत्यारा।

जगमाल : न बाबू साहेब। हम ख़ून इसलिए नहीं करते कि बड़े सरकार रुपये देते हैं। बिल्कुल नहीं। बस, हमें प्राण लेना अच्छा लगता है। जब हमारी हथेलियों में आग उग आती है तब हमें किसी का खून करना होता है *(बरछा कन्धे पर टिका हथेलियाँ रगड़ीं)* फिर उग आये अंगारे। किसके प्राण लेंगे अब?

अपूर्वा : छोड़ो ख़ून की बातें। तुम भी करते हो, हम भी। छिड़ गयी है ख़ूनी लड़ाई। किसी न किसी को तो मरना है। *(मुस्कान)* अच्छा बताओ, यहाँ कैसे आये? कहीं बड़े सरकार का कोई सन्धि–सन्देश...।

जगमाल : न दीदी। बड़े सरकार जैसे लोग कभी नहीं करते सन्धि। मैं आपको चौकस करने आया हूँ। उस अहूजा से सावधान रहें। उसने उठा लिया है रिश्वत का लाखों रुपये का बीड़ा, आपकी जान लेने का।

नरेन : तुम्हारे चौकस करने के पीछे कोई चाल है। किराये के क़ातिल किसी का भला नहीं...।

जगमाल : ठीक बोले साहेब। लेकिन आप तो न ईश्वर को मानें न भाग्य को। बात करने का फ़ायदा? लेकिन बताऊँगा ज़रूर। हमारा जन्म मरदों को मारने के लिए हुआ है। जिस दिन किसी नारी अथवा बच्चे को मार दिया, छिन जायेगी हमारी शक्ति उस दिन। और साहेब, थोड़ी कल्पना करें। एक कायर और कमज़ोर वीर। बस, अभी तो आप चौकस रहें उस डी.एस.पी. से। यदि उसे पता चल गया कि यह घायल हैं तो समझ लीजिए, बन गया मुठभेड़ का केस।

दरवाज़े पर खड़े अहूजा का सिपाहियों के साथ प्रवेश।

अहूजा : चल गया पता अहूजा को *(अपूर्वा के सामने खड़ा हुआ)* मैडम जर्नलिस्ट। पूरा हो गया तेरा वक़्त। किसको मारा? किसकी गोली लगी तेरे हाथ में?

उसका घायल हाथ पकड़ कुर्सी से खींचा। अपूर्वा के मुँह से छोटी–सी चीख़। सुकान्त आगे बढ़ा, अहूजा के हाथ को खींचा, परे झटका।

सुकान्त : आप मेरे मरीज़ का ज़ख़्मी हाथ नहीं छू सकते। पुलिस टॉर्चर की रिपोर्ट कर दूँ...

अहूजा : तुझमें कहाँ से आ गयी ताक़त मेरे सामने बोलने की?

अपूर्वा : कभी नहीं आती शक्ति बाहर से। हमारे अन्दर होती है। पेड़ में छिपकर बैठी हवा–सी। झाड़ियों की ओट में लेटे बाघ–सी। धमनियों में बहते रक्त–सी। महापुरुषों की वाणी–सी। हाँ, कभी–कभी देर हो जाती है इसे पहचानने में। तब सन–सन करती हवा कानों को छूकर कहती है–उठो। खेत में शिशु को जन्म देती प्रसव–पीड़ा कहती है–उठो। कारख़ानों का काला धुआँ कहता है–उठो। बच्चे की गुम हो गयी किलकारी कहती है–उठो। निराला की कविता कहती है–उठो। जब शक्ति जाग जाये तब कुमार गन्धर्व का गायन कहता है–उठ गये।

कुर्सी पर अधलेटी, हाँफती। अपने चोट लगे हाथ को दूसरे हाथ से लगातार दबाती, सुकान्त ने दवाई की गोली बढ़ायी, जगमाल बाहर से पानी का गिलास लाया, पकड़ाया, नीचे झुक उसके पाँव छुए।

जगमाल : तू अवतार है माँ। साक्षात् अवतार। महाकाल का अवतार।

अहूजा : *(तर्जनी से जगमाल को इशारा किया)* इधर आ।

जगमाल : *(उसके सामने)* साहेब। हमारे प्रदेश में इस तरह उँगली हिलाकर कुत्ते को बुलाते हैं।

अहूजा : तुझे पहले देखा है। कहाँ?

जगमाल : बड़े सरकार की हवेली में साहेब।

अहूजा : हाँ। तू उसका हायर्ड गनमैन है। यहाँ क्या कर रहा है? मालिक की मुख़बिरी?

जगमाल : साहेब, हायर्ड गनमैन की हिन्दी हमें आती है। थोड़ी–सी अंग्रेज़ी जानते हैं। हाईस्कूल फ़ेल जो हैं। आपने पूछा नहीं, हाईस्कूल पास क्यों नहीं किया।

अहूजा : *(नफ़रत से)* बता।

जगमाल : हाईस्कूल में थे इतिहास के मास्टर गालियों के भण्डार। माँ की गन्दी गाली हमें दे बैठे। उसका ख़ून कर दिया। स्कूल
में, सबके सामने।

अहूजा : बच कैसे गया?

जगमाल : बड़े सरकार की छत्रछाया में पढ़ रहा था। हेडमास्टर से बोले–इसकी जन्म तिथि रजिस्टर में बदल डालो। बालिग़ से नाबालिग़। पाँच हज़ार पर भी आनाकानी की। तब बड़े सरकार ने उसे पण्डितवाली बात बतायी।

अहूजा : कौन पण्डित? कैसी बात?

जगमाल : साहेब, जब हम बालक थे, माँ ने एक विद्वान पण्डित को हमारा हाथ दिखाया। रेखाएँ देखते ही उसका मुँह पीला। कुछ बताने से इनकार कर दिया। माँ के बहुत ज़िद करने पर...।

अहूजा : क्या बताया?

जगमाल : हम पच्चीस आदमियों की हत्या करेंगे। सुनते ही माँ मूर्च्छित हो गयी।

अहूजा दो क़दम पीछे हटा।

जगमाल : अभी तक इक्कीस आदमियों के प्राण ले चुके हैं। हर बार पकड़े गये। लेकिन छूट भी गये। कोई नहीं देता हमारे विरुद्ध गवाही। हम केवल पुरुष मारते हैं। न महिला, न बच्चे।

अहूजा : तो इसीलिए ज़मींदार ने तुम्हें यहाँ...।

जगमाल : *(अपनी लय में)* अभी चार लोगों की मृत्यु हमारे हाथों होगी। जब किसी के प्राण लेने का समय आता है तो हमारी हथेलियों में आग उग जाती है।

बरछा कन्धे पर टिकाया। हथेलियाँ रगड़ना शुरू। अपूर्वा कुर्सी से उठी, अहूजा के सामने।

अपूर्वा : क्यों भेजा ज़मींदार ने जगमाल को यहाँ?

अहूजा : मुझे क्या पता? इससे पूछो *(जगमाल की ओर इशारा)।*

अपूर्वा : तू जानता है अहूजा। तू ज़मींदार से मिल गया है।

अहूजा : पुलिस से तू–तड़ाक की ज़ुबान में मत बोल। तू औरत है। भगवान से डरता हूँ, नहीं तो...।

अपूर्वा : मत डर भगवान से। औरत से डर। अगर आज कुछ...।

एक घायल युवक का प्रवेश।

घायल युवक : ज़मींदार की सेना ने आक्रमण...।

अपूर्वा : कितने मारे।

युवक : साठ। औरतें भी, बच्चे भी।

अपूर्वा : और पुलिस।

युवक : कोई नहीं पहुँचा। दारोगा छुट्टी पर। और डी.एस.पी....

अपूर्वा : यहाँ। मेरी गिरफ़्तारी का नाटक करने। यहाँ।

अहूजा : गुरिल्ला लड़ाई लड़नी हमें भी आती है।

अपूर्वा : लेकिन तूने आमने–सामने की लड़ाई कभी नहीं लड़ी। ख़ून में आग लगा देनेवाली लड़ाई। अब होगी यह लड़ाई अहूजा। तूने आधा किलो चावल के लिए साठ...।

अहूजा : आधा किलो चावल?

अपूर्वा : हाँ। आधा किलो चावल। खेतिहर मज़दूरों की क्या माँग थी? मेहनताना डेढ़ किलो से दो किलो होना चाहिए। तूने आधा किलो चावल के लिए साठ

बँधुआ लोगों की हत्या करवा दी...। अभागे। किस कोख से जन्मा है तू!

अहूजा : *(गुस्सा)* मेरी माँ को तू गाली...।

अपूर्वा : सारा संसार उसे गाली देगा *(उसके कॉलर पकड़े)* तुझे वीरता का सर्वोच्च पुरस्कार ज़रूर मिलेगा। लेकिन मरणोपरान्त। पोस्थमस। *(कठोर, क्रूर आवाज़)* मैं अपूर्वा, तुझे मृत्युदण्ड देती हूँ। यू मैड डॉग। आई, अपूर्वा, अवार्ड यू डेथ सेंटेंस बाई बर्निंग, फ़ॉर मर्डरिंग सिक्सटी पीपल फ़ॉर ओनली हाफ़ के. जी. ऑफ़ राइस।

सब शिलित, फ्रीज़। धुँघरू और नगाड़े की तीव्र, डरावनी आवाज़।

अँधेरा।

अंक दो

दृश्य एक

छोटा–सा कमरा। किताबों से अटा बुक–रैक। मेज़ के आसपास कुर्सियाँ। कमरे के कोने में सुराही। अपूर्वा कुछ लिखती हुई। सुकान्त का प्रवेश।

सुकान्त : कमरा बहुत छोटा है।

अपूर्वा : *(मुस्कान)* शादी के बाद बड़ा मकान ले लेंगे।

सुकान्त : *(रूठना)* तुम मुझे हमेशा छेड़ती क्यों हो?

अपूर्वा : तुम हमेशा रूठ क्यों जाते हो रे? मेरी तो ज़िन्दगी गुज़र जायेगी तुम्हें मनाने में। चल, मना लूँगी रे। मज़ा आता है तुम्हें मनाने में। अच्छा छोड़ो। चाय पीयोगे? बहुत अच्छी बनाती हूँ।

सुकान्त : जो लड़कियाँ हत्या करती हों वे अच्छी चाय नहीं बना सकतीं।

अपूर्वा : मैंने किसकी हत्या कर दी है? लगता है ठानकर आये हो झगड़ा करने की।

सुकान्त : वह साठ लोग जो मारे गये। अब उन सबका पोस्टमार्टम...।

अपूर्वा : नहीं करना पड़ेगा पोस्टमार्टम। जब बहुत से ग़रीब एक साथ मरें तो सरकार पोस्टमार्टम मुआफ़ कर देती है। ग़रीबों को ख़ुश रखने का एक और तरीक़ा।

सुकान्त : लेकिन वे लोग मारे तो गये। मैं हो आया हूँ सिविल सर्जन के साथ उस गाँव में। एकदम सन्नाटा। गलियों में, घरों में। लोगों के चेहरों पर सन्नाटा। मृत्यु अब भी उनके पास घुटने टेककर बैठी है।

अपूर्वा : लड़ाई में तय होता है लोगों का मरना।

सुकान्त : *(क्रोध)* अब ज़िन्दगी और मौत के फ़ैसले तुम करोगी? भगवान हो गयी हो क्या?

अपूर्वा : *(कठोर)* न। कभी नहीं करते भगवान मृत्यु का फ़ैसला। यह पण्डितों और राज करने वालों का फैलाया झूठा विश्वास है, झूठा मिथ है। नब्बे प्रतिशत से अधिक लोग ग़रीबी रेखा के नीचे रहते हैं। एक–एक इंच मरते हैं प्रतिदिन। स्लो बट श्योर डेथ। किस भगवान ने किया है उनके मरने का फ़ैसला।

सुकान्त : लेकिन...।

अपूर्वा : लेकिन कुछ नहीं। सशस्त्र क्रान्ति में जिनका विश्वास हो वह कुछ लोगों के मरने पर रोते नहीं। वे शत्रु को मारने के तरीक़े खोजते हैं। अब भावुक होने से नहीं चलेगा। जिस राह पर हाथ पकड़ लोगों को हम लाये हैं, तुम चाहते हो हम ही वह राह छोड़ दें? नो। नथिंग इज़ गिवन टू द पूअर आन ए प्लैटर। दे हैव टू फ़ाइट, दे विल हैव टू किल।

सुकान्त : तुम लोग जितने भयानक काम करते हो उतनी ही भयानक बातें। *(चोट खाया हाथ पकड़)* लाओ, बैंडेज़ बदल हूँ।

अपूर्वा : *(मुस्कान)* कुछ नहीं हुआ। हमेशा हाथ देखते रहते हो। कभी हमें भी देख लिया...।

सुकान्त : *(उसकी आँखों में देखा)* अपूर्वा। मैं तुमसे...।

अपूर्वा : न। मत बोलना इस शब्द को। बोलते और सुनते ही हम अभिशप्त हो जायेंगे। नहीं है समय हमारे पास इस शब्द के लिए। अभी तो नदी की धारा पहाड़ से फूटी है। यह शब्द सुनते ही बहना भूल जायेगी। बड़ी शक्ति है इस शब्द में। हमें रोक देने की। हमें वापिस ले जाने की।

सुकान्त : सो फ़ेयर वाज़ नेवर सो फ़ेटल।

अपूर्वा : तुमने किताबें पढ़नी शुरू कर दीं रे। अब बन गये तुम समझदार।

सुकान्त : पता नहीं समझदार बन गया हूँ कि कायर। जिसे तुम एक छोटा–सा शब्द नहीं बोलने देतीं।

अपूर्वा : क्या तुम मुझे दो दिन के लिए अपने अस्पताल में एडमिट कर सकते हो। आज सुबह से।

सुकान्त : हाँ। कमरे में दो बेड हैं। इमरजेंसी में दाख़िल...

अपूर्वा : तो कर लो रे। मैं तुम्हारा इमरजेंसी पेशेंट हूँ।

सुकान्त : हाथ तो ठीक हो रहा...।

अपूर्वा : *(मुस्कान)* सुकान्तजी, आप चिन्ता बहुत करते हैं। हमें पुलिस से बचाना है तो कर लीजिए एडमिट। नहीं तो अगली मुलाक़ात पहले थाने और फिर जेल में।

सुकान्त : *(अपलक देखकर)* तुमने उस डी.एस.पी. का ख़ून करने की धमकी दी थी–क्या, पुलिस इसलिए...।

अपूर्वा : धमकी नहीं, दण्ड दिया था।

सुकान्त : तुम कौन होती हो दण्ड देनेवाली? जज हो क्या?

अपूर्वा : अगर एक मोटी–सी सैलरी पाकर, झूठी गवाहियाँ सुनकर जज फाँसी की सज़ा दे सकते हैं तो मैं क्यों नहीं दे सकती मृत्यु दण्ड? डॉक्टर सुकान्त, वे जजमेंट देते हैं, जजमेंट। और हम न्याय करते हैं, लोगों के कोर्ट में। पीपुल्ज़ कोर्ट।

सुकान्त : न्याय तो यह सिस्टम भी...।

अपूर्वा : नहीं करता। हम सिस्टम की नहीं, सोचने के तरीक़े की बात कर रहे हैं, दृष्टि की बात। देखकर अनदेखा कर देने की आदत हो गयी है लोगों को। ज़मींदार के बेटे के ख़ूनी को पकड़ने के लिए उस डी.एस.पी. अहूजा ने बीस औरतों के कपड़े फड़वा दिये। नंगा हाँक कर लाया। भरे बाज़ार में चलती बीस नंगी औरतें। द स्टार्क नैक्ड विमेन ऑफ़ इंडिया। झुक गयीं लोगों की आँखें। बड़ा बेशर्म साहस चाहिए नंगी औरत को देखने के लिए। इस महान विजय पर पता नहीं उन औरतों से उसने वन्दे मातरम् गाने को कहा कि नहीं। नंगा करने की गोल्डन जुबली।

सुकान्त : लेकिन ऐसा क्यों...?

अपूर्वा : क्योंकि लोगों को अपमानित जीवन जीने की आदत पड़ गयी है। जो सत्ता में बैठे हैं सबसे पहले आत्मसम्मान पर डाका डालते हैं। तब ख़त्म हो जाती है विरोध करने की आदत।

सुकान्त : और थोड़े–से हथियारबन्द लोग...।

अपूर्वा : हमें आदत पड़ गयी है सपने देखने की। खुली आँखों से सपने देखना बहुत ख़तरनाक होता है।

सुकान्त : लेकिन परिणाम। लोगों की मृत्यु...।

अपूर्वा : मृत्यु ही मुक्ति है। सत्ता हथियाने की अपवित्र इच्छाएँ नहीं रखते हम। हम कोई भी राजनैतिक पाप कभी नहीं करनेवाले।

सुकान्त : *(उदास)* अपूर्वा तुम्हें कुछ हो गया तो...

अपूर्वा : होना तो तय है। मृत्यु। पुलिस के हाथों एनकाउंटर में। नहीं तो सरकार के हाथों, फाँसी।

सुकान्त : तब मैं क्या करूँगा? तुम मुझे...।

अपूर्वा : जानती हूँ। अच्छी लगती हूँ रे! तुम इतना डरकर यह बात क्यों कहते हो? अच्छा लगना कब से बुरा हो गया! ओ सुकान्त! भाई, भाई सुकान्त। काँप-काँप जाती हूँ, जब सोचती हूँ कैसे रह सकोगे इन शत्रु लोगों के बीच *(गुस्सा)* यू फूल। यू ब्लडी बिग फूल। व्हाई आर यू लिविंग इन सच एन इन्नोसेंट वर्ल्ड!

घुँघरू बजने की उदास आवाज़। चुप्पी।

सुकान्त : अपूर्वा, तुम नाराज़...।

अपूर्वा : नहीं। मैं नाराज़ नहीं रे। मेरा ऐसा भाग्य कहाँ कि तुमसे नाराज़ हो सकूँ। रूठ सकूँ।

सुकान्त : *(खोयी आवाज़)* क्या करूँगा तब? क्या होगा जब तुम नहीं...।

अपूर्वा : तब कौन करेगा तुमसे बक-बक! कोई नहीं देगा तुम्हारे छोटे-छोटे प्रश्नों के लम्बे-लम्बे जवाब। नदियों का पानी एक स्थान पर ठहर जायेगा। गुफाएँ और गहरी, और काली हो जायेंगी। हवाएँ कभी-कभी तुम्हारा हाल-चाल पूछने के लिए थम जाया करेंगी। तुम भटक जाओगे जंगल में, कोई तुम्हारा हाथ पकड़ रास्ता नहीं दिखायेगा। फिर धीरे-धीरे तुम मेरे बोले हुए अन्तिम वाक्य के अन्तिम शब्द भी भूल जाओगे। सुकान्त। सुकान्त रे। माई इन्नोसेंट फूल।

सुकान्त ने उसके हाथों पर अपने हाथ रखे। घुँघरू की आवाज़ का छोटा-सा मीठा टुकड़ा। नरेन के साथ तीन युवकों का प्रवेश। दोनों खड़े हो गये। चारों युवक एक-दूसरे से थोड़ी दूरी पर खड़े होंगे। जो बोलेगा उस पर प्रकाश।

युवक : डी.एस.पी. अहूजा इज़ डेड।

नरेन : जैसे फ़ैसला हुआ था वैसे ही मारा। बाज़ार में सड़क के बीचो–बीच जीप खड़ी थी उसकी। आसपास चार कॉन्स्टेबल। सीट पर बैठा, दायें–बायें किसी राजा की तरह मुआयना करता अहूजा, अपनी प्रजा को घूरता। हम चारों जीप के पास पहुँचे। हमारे माथे पर लिखा मृत्युदण्ड शब्द पढ़कर चारों सिपाही भाग गये। हमने रस्से से उसे सीट के साथ बाँध दिया।

युवक–दो : लोग थोड़ी दूर खड़े थे। चुपचाप देखते। उनकी आँखों में भय नहीं था, गर्व था। औरतों को नंगा परेड करानेवाला केवल चार लड़कों के हाथों...

युवक–तीन : तब अहूजा ने रोना शुरू कर दिया। उसे याद आ गये वे असहाय लोग जिनकी जान ली थी, कभी एनकाउंटर की आड़ में, कभी खेतों में ख़ून किया था और कभी थानों में।

नरेन : एक डिब्बा पेट्रोल। केवल एक डिब्बा। बहुत था उन सारी हत्याओं का बदला लेने के लिए। उन नग्न नारियों के मान वस्त्र के लिए। माचिस की एक तीली। होलिका–से जल गये अहूजा और जीप। हम वहाँ से भागे। कुछ लोग तालियाँ बजा रहे थे। कुछ नाच रहे थे।

अपूर्वा : बधाई। चारों को बधाई। आन्ध्रा निकल जाओ। ट्रेन से नहीं, किसी ट्रक से। अहूजा के वध पर सारी स्टेट मशीनरी पगला गयी होगी।

युवक–एक : और उन साठ लोगों की हत्या...।

अपूर्वा : राष्ट्रपति और प्रधानमन्त्री के शोकसन्देश छप गये। मुख्यमन्त्री ने बी.एस.एफ़. और सेना की सहायता की माँग रखी है। उन्हें इतना दुःख हुआ कि यहाँ से दिल्ली चले गये। ही एयरडैश्ड टू डेल्ही।

नरेन : और अपोज़ीशन...।

अपूर्वा : वे मुख्यमन्त्री के इस्तीफ़े की माँग कर रहे हैं। हत्यारों को पकड़ने की नहीं। अगर पॉवर में आ गये तो यही हत्यारे उनके काम आयेंगे। नहीं चलती इन लोगों की डेमोक्रेसी इन हत्यारों के बिना।

भागते हुए रामशरण का प्रवेश। साँस फूली हुई।

रामशरण : पुलिस का छापा पड़नेवाला है। सिपाही आ रहे हैं दारोगा के साथ। मैडम। आप अग्रिम ज़मानत की अर्ज़ी दे दें।

अपूर्वा : बड़ा पॉवरफुल है आप लोगों का नेटवर्क, रामशरण जी। हम जैसे लोग ज़मानत की अर्ज़ी नहीं दिया करते।

रामशरण : ग़रीबों को बुरी ख़बर का पता पहले से चल जाता है। *(सुकान्त को)* आप निकल भागिए डॉक्टर साहब। शक में धर लिए जाओगे।

सुकान्त : नहीं। अब नहीं भागूँगा। बहुत भाग लिया।

अपूर्वा : *(चारों युवकों से)* निकल जाओ। एकदम।

रामशरण : *(भरी आवाज़)* लेकिन आप क्यों नहीं भाग लेतीं इनके साथ। थाने में...।

अपूर्वा : बलात्कार करेंगे रे? पकड़ लेने दो। किसी का पकड़ा जाना ज़रूरी है। नहीं तो क़ानून पकड़ेगा सैकड़ों को। अब पकड़े जाने की मेरी बारी तय हुई है।

चुप्पी। घुँघरू और नगाड़े का डरावना संगीत। दारोगा और सिपाही—वर्दी में प्रवेश।

दारोग़ा : चलिए। आपको एस.पी. साहब ने बुलाया है।

अपूर्वा : *(मुस्कान)* चलिए दारोगा साहब। आपके एस.पी. साहब से भी मिल लिया जाये। बड़ी धूम मची है उनके कारनामों की। *नगाड़े की आवाज़।*

अँधेरा।

दृश्य दो

एस.पी. लक्ष्मन अपनी कुर्सी पर। सादे कपड़ों में। सौम्य व्यक्तित्व। धीमी आवाज़ में बोलने की आदत। मेज़ के सामने दो कुर्सियाँ। दारोगा का अपूर्वा और सुकान्त के साथ प्रवेश।

दारोगा : सर...

एस.पी. : *(सुकान्त की ओर संकेत)* आप कौन हैं?

दारोगा : डॉक्टर सुकान्त सर। लगभग साल–भर पहले यहाँ की डिस्पेंसरी...।

एस.पी. : इन्हें तो नहीं बुलाया था।

दारोगा : रोका सर। बहुत रोका। लेकिन साथ आने की ज़िद करने लगे।

एस.पी. : डॉक्टर सुकान्त, आप बाहर बैठिए।

सुकान्त : नहीं सर। मैं अपूर्वा के साथ रहूँगा।

एस.पी. : क्यों रहेंगे आप अपूर्वा के साथ? इनके गार्जियन हैं क्या? शी इज़ एडल्ट। इज़ शी नॉट?

सुकान्त : मेरी अपूर्वा से शादी होनेवाली है। आई एम हर फ़ियान्सी।

कुछ क्षण के लिए अपूर्वा और एस.पी. उसे आश्चर्य से देखते हैं।

एस.पी. : कांग्रेट्स डॉक्टर सुकान्त। व्हाट पेयर। व्हाट कम्बिनेशन। ए हीलर एंड ए किलर। बैठिए। दोनों बैठ जाइए।

दोनों बैठ गये।

एस.पी. : यू आर अपूर्वा, द जर्नलिस्ट।

अपूर्वा : *(मुस्कान)* अपूर्वा द किलर। ऐज़ यू सैड जस्ट नाउ।

एस.पी. : यू आर अंडर अरेस्ट अपूर्वा फ़ॉर...।

अपूर्वा : सर। पहले यह तय कर लें कि किस भाषा में पकड़ेंगे मुझे।

एस.पी. : तुम लोग आई.ए.एस. और आई.पी.एस. को अनपढ़ क्यों समझते हो? मुझे पूरी दस भाषाएँ आती हैं। और हर भाषा में हत्या की सज़ा है फाँसी।

अपूर्वा : अच्छा सर। आपको दस भाषाएँ आती हैं। बधाई। लेकिन प्रश्न यह है कि आप समझते कौन–सी भाषा हैं? आप लोगों के पास डण्डे की भाषा है, बलात्कार की भाषा है, अत्याचार की भाषा है और झूठी मुठभेड़ की अन्तिम भाषा भी है। मेरे हिस्से कौन–सी भाषा आयेगी?

एस.पी. : *(मुस्कान)* आपको तो हिन्दी में पकड़ेंगे। तीन दिन का पुलिस रिमांड।

सुकान्त : यह तो कल से अस्पताल में है, हाथ ज़ख्मी होने के कारण। क्या सबूत...।

एस.पी. : डॉक्टर साहब, जब पुलिस किसी का रिमांड ले तो सबूत अपने आप चलकर आना शुरू हो जाते हैं। सबूत भी और गवाह भी।

अपूर्वा : गवाह हमारे पास भी हैं। मैं कमरे से बाहर आयी ही नहीं।

एस.पी. : बाहर से लोग कमरे में आये। वे चार जिन्होंने अहूजा को पेट्रोल डाल जला दिया। क्या करने आये थे?

अपूर्वा : जर्नलिस्ट हूँ। सब तरह के लोग मिलने आते हैं। ऐसा तो कोई प्रूफ़ नहीं कि उन्होंने पेट्रोल डाला। सैकड़ों लोगों के साथ वे भी देख रहे थे एक पागल कुत्ते की मौत।

एस.पी. : डू यू थिंक आई विल लूज माई टैम्पर लाइक दैट फूल अहूजा। रांग। मैंने तीन साल पुलिस ट्रेनिंग कॉलेज में कम्युनिज़्म पढ़ाया है।

अपूर्वा : नहीं सर। आपने तीन साल साम्यवाद ख़त्म करने के तरीक़े पढ़ाये हैं।

एस.पी. : मुट्ठी–भर आर्म्ड लोग कुछ नहीं कर सकते, कुछ नहीं बदल सकते।

अपूर्वा : जब जड़ें सड़ जायें, गल जायें तो पेड़ की टहनियाँ नहीं बचायी जा सकतीं। जब कोई अंग गल जाये तो उसे काटना ज़रूरी है। डायर डिज़ीज़स नीड डायर रेमेडीज़।

एस.पी. : क्या हुआ बंगाल में नक्सलाइट मूवमेंट से...।

अपूर्वा : सारे देश में सुगन्ध फैल गयी आततताइयों के ख़ून की। सारे देश में कुछ लोगों के क़द कुछ और ऊँचे हो गये। सारे देश को समझ आ गया कि बदलाव की तेज़ हवा प्राण न्योछावर करने पर ही चलेगी। सारे देश को पता चल गया कि भीख का बर्तन हाथ में लेने से अधिकार नहीं मिलते, बन्दूक़ से मिलते हैं–द पॉवर फ़्लोज थ्रू द बैरल ऑफ़ द गन।

एस.पी. : माओ और मार्क्स मैंने पढ़े हैं। पढ़ाये भी हैं। ख़ूब वाक़िफ़ हूँ गुरिल्ला लड़ाई की नीतियों से, टैक्टिस से। तुम अहूजा की मर्डर कॉन्सपिरेसी की लीडर हो। चार लोग तो जलाने में शामिल थे। ब्रेन तुम्हारा था।

अपूर्वा : चार नहीं। एक लाख लोगों ने उसे मारा।

एस.पी. : एक लाख! हैव यू गॉन मैड।

अपूर्वा : यस सर। एक लाख। जिनके सामने उसने बीस नंगी औरतों की पाँच किलोमीटर लम्बी परेड कराई थी। एक लाख, जिन्हें पता है कि साठ औरतों, मर्दों और बच्चों के मर्डर में उसका हाथ था। एक लाख जो शामिल हो गये थे इन चार लड़कों के साहस में जब अहूजा को दण्ड दिया गया।

दारोगा ने झपटकर उसका कन्धा पकड़, हिलाया।

दारोगा : एस.पी. साहब के मुँह लगती है। मैं थाने में...।

एस.पी. : इंस्पेक्टर। तुम्हारी हिम्मत कैसे हुई इसे हाथ लगाने की। यह थाना नहीं, एस.पी. ऑफ़िस है। समझे। *(दारोगा पीछे हटा, सिर झुका। अपूर्वा से।)*

एक पुलिस अफ़सर को मार कर तुम लोग सोशल चेंज...

अपूर्वा : वन डेथ विल लीड टू अनदर डेथ। इट विल फ़्री द पीपल फ़्रॉम टैरर।

एस.पी. : यू कॉल मर्डर एंड ब्लडशेड रेवॉल्यूशन?

अपूर्वा : वी कॉल इट ए पाथ टू पीस। एक पीस बिटवीन द इक्वल्स। पीस इमर्जिंग फ़्रॉम इनसाइड। नॉट ए पीस इम्पोज़्ड बाई पुलिस एंड आर्मी।

एस.पी. : ठीक कहती हो। जिन लोगों ने साठ लोगों को मारा...?

अपूर्वा : मारे जायेंगे। जानते आप भी हैं वे कौन हैं? जानते आप भी हैं कि उस वीर सेना का लीडर कौन है? लेकिन आप न पकड़ेंगे न मारेंगे। आपके पॉलिटिकल मास्टर्स का ऑर्डर जो नहीं। लेकिन वे मरेंगे ज़रूर। लोग मारेंगे। जिनकी आत्मा जाग गयी...।

एस.पी. : लेकिन आप लोग तो आत्मा–परमात्मा को मानते नहीं। फिर...

अपूर्वा : रणनीतियाँ बदल गयीं सर। अब हम लोगों की भाषा में बात करने लग पड़े हैं।

एस.पी. : तुमने ज़मानत की एप्लिकेशन तो दे दी...।

अपूर्वा : जब आपके पास कोई सबूत ही नहीं तो केस कैसे जीतेंगे।

एस.पी. : तुमसे किसने कहा पुलिस कोर्ट में केस करेगी? अभी नहीं अपूर्वा, अभी नहीं। लेकिन मुझे पक्का पता है कि तुम्हारा मरना मेरे हाथों लिखा है। जब मैं केस बनाऊँगा तो तुम कोर्ट से सीधे फाँसीघर जाओगी। एन एयर–टाइट केस। दुनिया की कोई अदालत तब तुम्हें नहीं बचा सकेगी। आई हैव ऑलरेडी हैंग्ड सेवन पीपल। गॉड सेव यू। आई प्रे, गॉड सेव यू फ़्रॉम माई हैंड।

सुकान्त : आप अपूर्वा को नहीं पकड़ सकते।

एस.पी. : क्यों नहीं पकड़ सकता डॉक्टर साहब? कुछ क़ानून की किताबें पढ़िए। पूछताछ के लिए पकड़ने का हक़ है पुलिस को। एक सलाह दूँ। आपकी नौकरी जा सकती है अपूर्वा की वजह से।

सुकान्त : जानता हूँ सर। मेरी जान भी जा सकती है।

एस.पी. : लव मेक्स अस बोल्ड एंड रैक्लैस। *(दारोगा से)* ले जाइए अपूर्वा को। लेडी पुलिस के पहरे में रखिए। समझे। जर्नलिस्ट को पकड़ो तो सारे देश के अख़बारों में हाहाकार मच जाता है। अ स्पेशल ब्रीड क्रीएटैड बाई ऑलमाइटी।

सुकान्त : इसका हाथ ज़ख़्मी है। अंडर माई ट्रीटमेंट...।

एस.पी. : कुछ नहीं हुआ इसके हाथ को। तुम डॉक्टर लोग हमेशा पुलिस के ख़िलाफ़ चलते हो।

सुकान्त : सर, नाऊ यू आर टॉकिंग नॉनसेंस, डॉक्टर कौन है? आप या मैं? एम.बी.बी.एस., एम.डी. कौन है, आप या मैं?

एस.पी. : कूल डाउन माई ब्रेव डॉक्टर। कूल डाउन। इसका फ़ैसला सिविल सर्जन करेगा। *(दारोग़ा से)* जाइए। इसी वक़्त सिविल सर्जन को ले आइए। कहना हमने बुलाया है। जीप ले जाइए *(दारोगा गया। सुकान्त और*

अपूर्वा से) आप लोग बाहर इन्तज़ार करें।

हल्का अँधेरा। अपूर्वा से कुछ दूर सिर झुकाये खड़ा सुकान्त। अपूर्वा पास गयी। सिर पर हल्के से छुआ। ठोड़ी से पकड़ उसका सिर ऊँचा किया। मुस्कायी। सुकान्त भी मुस्काया अपूर्वा ने उसका हाथ पकड़ा। दोनों चलना शुरू। घुँघरू बजने की मीठी आवाज़।

अँधेरा।

दृश्य तीन

भव्य बैठक में बैठा भव्य व्यक्ति, हाथ में किताब। सामने बैठी पत्नी, गरिमाशाली महिला–घुँघरू की मधुर आवाज़ का एक टुकड़ा।

पत्नी : क्या पढ़ा जा रहा है?

पति : दिनकर जी की उर्वशी।

पत्नी : अब उर्वशी पढ़ने के दिन नहीं। निरालाजी की *राम की शक्ति पूजा* पढ़िए। छाती गज़–भर चौड़ी हो जाती है। आज जगमाल सिंह नहीं दिख रहा। किसी को...।

पति : न। आज मारने नहीं किसी को बचाने भेजा है।

पत्नी : किसे?

पति : अपूर्वा को। चेतावनी देने गया है? अहूजा से बचकर रहे।

पत्नी : कुछ पता है क्या कह रहे हैं? अब आप हमारे बेटे की हत्यारिन को बचायेंगे! कहीं बेटे की तरह उसके घातक सौन्दर्य ने पिता को भी...।

पति : क्यों करती हैं सदा क्रोध की बातें। नहीं जीती जातीं लड़ाइयाँ केवल क्रोध से। मीठे ज़हर से मारनेवाली

कहावत शायद भूल गयीं आप। लड़ने दीजिए डी.एस.पी. और अपूर्वा को। दोनों शत्रु। मारने दीजिए एक–दूसरे को।

दरवाज़े पर नौकर आया। सिर झुकाकर खड़ा।

पत्नी : कहो। क्या कहना है।

नौकर : कुछ दिन पहले जो पुलिसवाला यहाँ आया...।

पति : डी.एस.पी. अहूजा। मिलना चाहता है क्या?

नौकर : न बड़े सरकार। अब इस जीवन में क्योंकर मिलेगा। बीच बाज़ार में उसका ख़ून हो गया।

पत्नी : किसने मारा? कैसे मारा?

नौकर : कुछ युवकों ने। जीप से बाँधा, पेट्रोल डाला, ज़िन्दा जला दिया।

पत्नी : कौन थे वे लोग?

नौकर : देखा सैकड़ों लोगों ने। न किसी ने बचाया, न किसी ने पहचाना उन युवकों...।

पत्नी : ठीक। बिल्कुल ठीक हुआ। अच्छा समाचार दिया। भण्डार से दस किलो चावल ले लो। अब जाओ। *(नौकर गया।)*

पति : साठ लोगों की हत्याओं का रहस्य जाननेवाला एक आदमी तो कम हुआ। अब उस पत्रकार अपूर्वा...।

पत्नी : मत लीजिए उसका नाम। मेरे सामने कभी भी नहीं। लड़की नहीं डाकिनी कहिए, डाकिनी। रक्तपान करनेवाली डाकिनी।

पति : आपका बेटा उससे प्रेम कर....

पत्नी : यही तो दोष था उसका। राजवंश के लोग कभी भी प्रेम नहीं करते। बस, केवल भोगते हैं। इतिहास पढ़िए। एक राजा की दसियों रानियाँ होती थीं। क्या सबसे प्रेम हो सकता था? नहीं। भोगने के पश्चात राजमहल की शोभा में जड़ा एक आभूषण।

पति : और हम! हमारी तुलना मत कीजिए...।

पत्नी : *(मुस्कान)* आप तो निराले राजा ठहरे। विवाह की बात पक्की हो गयी थी। हमें इंग्लैंड पढ़ाई के लिए भेजा गया। और आप! कितनी बार आये वहाँ मिलने के लिए। वह भी चोरी से।

पति : सोचा कहीं कोई लॉर्ड–वॉर्ड आप पर मोहित...।

पत्नी : बड़े देखे लॉर्ड। आपकी परछाईं भी न थे। आप चाहते तो हमारे पिताजी को सन्देश भेज इंग्लैंड जाना रुकवा देते। लेकिन मेरे भाग्य में जो था। एक वीर और विद्वान पुरुष!

दरवाज़े में खड़ा जगमाल सिंह। बरछा हाथ में।

बड़े सरकार : भीतर आ जाओ जगमाल। कहो, क्या समाचार लाये। मिल आये उस पत्रकार से?

जगमाल अन्दर आ गया। शरीर में तनाव। बरछा कन्धे से टिकाया। हथेलियाँ रगड़ना शुरू।

जगमाल : जी बड़े सरकार। उसे अहूजा से सावधान रहने को बोल आया।

बड़े सरकार : मार दिया उन लोगों ने अहूजा को। ज़िन्दा जला दिया। एक बात की प्रशंसा करनी पड़ेगी। ये लोग ऐक्शन तुरन्त लेते हैं। हत्या की भी तो बीच बाज़ार। एक भूल कर बैठे। सैकड़ों गवाहियाँ, लोगों ने अपनी आँखों से जलते देखा।

जगमाल : भूल नहीं बड़े सरकार। सोच–विचार कर ऐसा किया उन लोगों ने। हमारी तरह छिपकर नहीं मारते। ऐसा इसलिए किया कि लोगों के दिलों से सरकार और पुलिस का भय कम हो जाये। हमने भी सबके सामने इक्कीस लोग मारे। किसलिए? इसलिए कि आपका भय बना रहे।

पत्नी : तुम्हें लौटने में देर हो गयी।

जगमाल : जी। खेतों में होकर लौटा। देखने गया था नरसंहार। देखने गया था कितने मारे गये छोटे कुँवर की ख़ातिर। *(ज़मींदार से)* बड़े सरकार, हमें क्यों नहीं पहले बताया। साथ नहीं रखा इस बार। क्या हम कायर...।

बड़े सरकार : मत बोलो ऐसा। कायर और तुम! अरे, हमें डर लगता है तो केवल तुमसे। जानते हैं। जब ठान लोगे तो किसी के प्राण अवश्य लोगे। लेकिन...

जगमाल : *(हथेलियाँ रगड़ते हुए)* लेकिन क्या बड़े सरकार?

बड़े सरकार : हमें मालूम है। तुम आधे योद्धा हो। औरतों और बच्चों को नहीं मारते। इसलिए...।

घुघरू–नगाड़े की धीमी आवाज़ आनी आरम्भ। पत्नी ने जगमाल को तेज़ी से हथेलियाँ रगड़ते देखा। उठी। तेज़ क़दमों से बाहर चली गयी।

जगमाल : कितने लोग मारे गये, सरकार?

बड़े सरकार : हम गणित के मास्टर नहीं। हिसाब नहीं रखते।

जगमाल : बच्चे भी।

बड़े सरकार : औरतें और बच्चे भी।

जगमाल : पाँच गर्भवती औरतों को...।

बड़े सरकार : अपने हाथों से उनकी हत्या की। जिन बच्चों को जन्म देतीं, वे बड़े होकर नक्सलवादी बनते। हमारे शत्रु।

जगमाल : मरी हुई औरतें और बच्चे देखकर अपनी मृत माँ की याद आ गयी।

बड़े सरकार : क्यों? याद क्यों आ गयी?

जगमाल : तुम नहीं जानते शिवदयो सिंह। जब ज़मींदार ने एक बीघा ज़मीन के लिए मेरी माँ की हत्या की

थी, तब वह गर्भवती थी। शायद मेरे भाई को जन्म देती। मेरे जैसा शूरवीर। लेकिन तुम...।

ज़मींदार : *(भय)* जाओ। तुम जाओ यहाँ से। तुम्हारा मन आज ठीक नहीं।

हथेलियाँ रगड़ना बन्द। कन्धे से टिका बरछा हाथ में पकड़ा। दरवाज़े पर पत्नी। हाथ में बन्दूक़।

जगमाल : आज ही हमारा मन बिल्कुल ठीक है। उन पाँच गर्भवती औरतों को देख, जिनका तुमने पेट फाड़ डाला, हमें अपनी मृत माँ की याद आ गयी, शिवदयो सिंह *(बरछेवाला हाथ ऊपर)*।

पत्नी : *(बन्दूक़ तानकर)* रुक जा। वहीं रुक जा। नहीं तो गोली मार...।

जगमाल : *(गर्जना)* जय महाकाल।

बड़े सरकार की ओर झपटा, पत्नी ने बन्दूक़ कन्धे पर रखी, सोफ़े के पीछे बैठा ज़मींदार। तीनों शिलित–फ्रीज़ घुँघरू नगाड़े का डरावना संगीत।

अँधेरा।

अंक तीन

दृश्य एक

अपूर्वा का कमरा। सुकान्त ने चाय के दो प्याले मेज़ पर रखे। दोनों ने घूँट भरा।

अपूर्वा : सुकान्त रे। तुम चाय बहुत अच्छी बनाते हो।

सुकान्त : खाना भी अच्छा बनाता हूँ। माँ ने सिखाया था। ख़ूब बीमार जो रहती थी।

अपूर्वा : ऐसी ख़बरें कभी नहीं देते जिनसे बाद में नुक़सान हो।

सुकान्त : नुक़सान कैसा?

अपूर्वा : बता दिया कि नहीं, खाना बना लेते हो। अब मैरिज के बाद तुमसे बनवाऊँगी कि नहीं। प्यार के दिनों में हम मूर्ख होते हैं। सब कुछ बता देने, शेयर कर लेने की जल्दी में। सूर्य चौबीस घण्टे जो निकला रहता है हमारे प्यार के दिनों में। हमें कुछ बातें रहस्य रखनी चाहिए, छिपाकर रखी गयी निजी ख़बरें।

सुकान्त : *(उदास)* अच्छे प्यार के दिन हैं हमारे। तुम्हारा पीला पड़ गया मुख!

अपूर्वा : थाने के कमरे में सूर्य नहीं आता था। न गुड मार्निंग करने न गुड नाइट करने।

सुकान्त : मुझे मिलने भी नहीं दिया। किसी ने कुछ...।

अपूर्वा : कुछ नहीं कहा रे किसी ने। एस.पी. साहब के ऑर्डर

जो थे। वहाँ का सब इंस्पेक्टर हमारा सिम्पेथाइज़र है। चोरी से अपने घर का खाना देता था। वह एस. पी. लक्ष्मन के साथ काम कर चुका है। बताया...।

सुकान्त : क्या बताया?

अपूर्वा : लक्ष्मन पुलिस का सबसे सयाना और ख़तरनाक अफ़सर है। न गुस्सा न कभी ऊँची आवाज़। सोता है तो भी सोचता रहता है। हम जैसों के ख़िलाफ़ उसकी विशेष ट्रेनिंग है, इंग्लैंड में एस.ए.एस. के साथ। वह हमेशा अपने शत्रु का जीवन जीता है, हमेशा उससे दो क़दम आगे। लेकिन मुझे...।

सुकान्त : तुम्हें यहाँ से चले जाना चाहिए।

अपूर्वा : कहाँ जाऊँ रे। किसके पास? मुझ अभागी का कोई है क्या? सुन सुकान्त। तेरे पास आ जाऊँ भागकर?

सुकान्त : मेरे पास? नहीं, तुम मेरे पास नहीं आओगी। मैं तुम्हारा ड्रीम मैन नहीं।

अपूर्वा : कौन होता है ड्रीम मैन? सिर दर्द हो और जो भागकर कैमिस्ट से गोलियाँ ले आये वह लड़की का ड्रीम मैन होता है रे। तुम्हें देखा। पहले विस्मय, फिर विभोर हो गयी। चल गया पता मेरा ड्रीम मैन सुकान्त। जब प्यार हो तो हम एक बन्द नगर में चले जाते हैं रहने के लिए। तुमने मेरी आत्मा को फूल की तरह खिला दिया। मेरी आँखों में बारिश में भीगा पेड़ उग आया। जी चाहता है गरुड़ बन जाऊँ, पंखों में शक्ति भर आसमान के आख़िरी सिरे तक उड़ जाऊँ। फिर नीचे डाइव करूँ, किसी डाइव बॉम्बर की तरह। तुम्हें पकडूँ और उठाकर अपने घोंसले में रख दूँ। मैं बावली लड़की हो गयी रे। मैं शरीर से सुगन्ध बन गयी हूँ सुकान्त।

सुकान्त : ऐसा कब...।

अपूर्वा : *(उदास)* नहीं होगा रे। जानती हूँ। कभी नहीं होगा। हमारे चाहने से सूखी नदी में जल नहीं भर जाता। जीवन बस टंकार है। नहीं बदलने का गुंजन में। कभी–कभी अपूर्वा सपने देखने लगती है, सुकान्त का हाथ पकड़कर। लेकिन सपनों की आयु हमेशा छोटी होती है। जब मुझे, हमें, अपनी पवित्र प्रतिज्ञा याद आ जाती है तो सपना अँधेरे में वापस लौट जाता है। तब बन जाते हैं हम कीट्स के पीले मुखवाले योद्धा–ओ, व्हाट कैन ऐल दी, नाइट ऐट आर्म्स, अलोन एंड पेलली लायटरिंग, द सेज हैज विदर्ड फ़्रॉम द लेक, एंड नो बर्ड सिंग।

सुकान्त : इतना दुःख देता हूँ तो चला जाता हूँ यहाँ से...।

अपूर्वा : बक–बक मत करो। जब तक हूँ, मेरे पास, बिल्कुल मेरे पास रहोगे। नहीं तो तेरी जान ले...।

सुकान्त : जानता हूँ। तुम प्यार करनेवालों की जान ले लेती हो। जैसे उस ज़मींदार के बेटे की। क्या नाम...।

अपूर्वा : बड़ा रौबदार नाम था। अनिरुद्ध प्रताप सिंह। मुझसे मिलता था तो हमेशा इंगलिश में बात करता। भद्र लोगों की भाषा। मेरे विचारों से सहमत होने की ऐक्टिंग भी ख़ूब करता था। जानती थी, शुरू से जानती थी उसका गोल था तो मेरा शरीर। मेरा इनकार उसे चैलेंज लगा। और रूलिंग क्लासवाले कोई चैलेंज नहीं सह सकते। फिर लालच दिया। कोठी और पचास हज़ार महीना। उसकी मिस्ट्रेस बन जाऊँ। अब उसने मुझे डराना शुरू किया। हिन्दी में बोलकर। ये लोग डराने के लिए अपनी भाषा का इस्तेमाल ख़ूब कर लेते हैं। फिर उसने खेतों में काम करती तीन औरतों से बलात्कार किया, वहीं खेतों में। यह सब उसने मुझे चेतावनी देने के लिए किया। लेकिन मैं क्यों कर डरती एक

बाजेवाले से जो योद्धा की पोशाक में था। उसे खेतों में ही मारा गया। कुल्हाड़े की पहली चोट के साथ उसका सिर फटा तो बिल्कुल वैसे ही चीख़ा जैसे वे तीन औरतें जिनके साथ उसने बलात्कार किया था, खेतों में...।

सुकान्त : उस पर केस किया जा...।

अपूर्वा : किस केस और क़ानून की बात करते हो। थाने जाते तो रपट दर्ज न होती, कोर्ट तक पहुँच भी जाते तो कोई गवाह न पहुँचता। गवाह पहुँच जाते तो जजों की ख़ाली जेबें भर जातीं। वे भी हिस्सा हैं इसी सिस्टम का। आदमी होने की पहली शर्त–हम अपनी लड़ाई ख़ुद लड़ें। याचना–भरी आँखों से लोगों की ओर देखना बन्द करें।

सुकान्त : बड़ा ख़तरनाक हो गया है ज़िन्दा रहना।

अपूर्वा : तभी तो हम तुम्हें ख़तरनाक बना रहे हैं। अच्छा सुनो। मैं कुछ दिनों के लिए शायद कहीं...।

सुकान्त : नहीं। मैं भी साथ चलूँगा। ख़ुद बताया कि वह एस. पी. ...।

अपूर्वा : हाँ। उससे चौकस तो रहना है। अब हम लोग आपस में भी किसी जगह अथवा आदमी का नाम नहीं लेते। जाना तो पड़ेगा सुकान्त। शायद जल्दी लौट भी न...।

सुकान्त : ऐसा क्या काम है कि जल्दी लौट न सको। किसी को मारना है। मुझे बताओ। मैं मारूँ...।

अपूर्वा : लड़ाई में रोमांटिक होने से नहीं चलता। जब भावुक हो जायें तो कमज़ोर पड़ जाते हैं। जाना तो अकेले ही है। तुम प्रतीक्षा...।

सुकान्त : मैं असमर्थ क्या प्रतीक्षा करूँगा। असमर्थ सुकान्त।

अपूर्वा : नहीं होता कोई भी असमर्थ। सुबह के सूरज के पीले मुँहवाली किरणें असेमर्थ हैं क्या? अँधेरे का

कलेजा चीरकर रख देती हैं। बच्चे की तोतली भाषा असमर्थ है क्या? बाँध कर बैठा देती है माँ को उसके पास। कमर झुका बूढ़ा, हाथ में लाठी पकड़े बूढ़ा असमर्थ है क्या? अन्धड़ के विरुद्ध चलकर अपने घर पहुँच जाता है। तेज़ हवाओं में सिर धुनते पत्ते असमर्थ हैं क्या? कविता असमर्थ है क्या, जो मृत्यु के आख़िरी क्षणों में याद आ जाये। सुकान्त असमर्थ है क्या जो अपूर्वा के प्यार में हत्या करना चाहता है? न रे, कोई असमर्थ नहीं सिवाय अपूर्वा के। छेड़ती है तो सुकान्त रूठ जाता है। असमर्थ कोई नहीं सिवाय अपूर्वा के जो सुकान्त को एक भी सुख नहीं दे सकी। हो जायेगी चुप यह बातूनी लड़की एक दिन। तब तू हो जायेगा असमर्थ। मैं...।

नरेन का प्रवेश।

नरेन : सूर्यस्वामी आ गये। आपने तैयारी...।

सूर्यस्वामी का प्रवेश। सुकान्त को देख ठिठक गया।

सूर्यस्वामी : आप कौन?

नरेन : डॉक्टर सुकान्त। हमारे सिम्पेथाइज़र।

सूर्यस्वामी : ये लोग धोखा...।

अपूर्वा : सूर्यस्वामी। सुकान्त मेरा मित्र है। मुझे पूरा विश्वास है इस पर।

सूर्यस्वामी : राइट। इट इज़ योअर रिस्क। *(थैला उसकी ओर बढ़ाया)* इसमें सब कुछ। पासपोर्ट भी। निकल जाना। हो सके तो जर्मनी या श्रीलंका। हम देख लेंगे बाद में।

सुकान्त : पासपोर्ट। तुम बाहर भाग जाओगी। नो। मैं नहीं जाने...

अपूर्वा : *(थैले से पासपोर्ट निकालकर उसकी ओर बढ़ाया)* रख लो। कहीं नहीं जाती रे। कहाँ मिलेगा मुझे भागने का अवसर और समय।

सूर्यस्वामी : शहर से बाहर बैलगाड़ी में जाना होगा। आगे मोटरसाइकिल पर। एस.पी. के आदमी रेलवे स्टेशन, बस स्टैंड और टैक्सी स्टैंड पर तैनात हैं। बी वेरी केयरफुल। एस.पी. लक्ष्मन हम लोगों का सबसे समझदार दुश्मन है। मैं आज रात उसे मिसलीड करूँगा। ज़मींदार की मौत के बाद उसकी वीर सेना के आदमी एक ही गाँव में इकट्ठे रह रहे हैं। सोचते हैं इकट्ठा रहने में सेफ़्टी है। फूल्स। इकट्ठा रहते हैं, इकट्ठा मरेंगे।

सुकान्त : उनके पास ऑटोमैटिक वैपन्ज़...।

सूर्यस्वामी : छीन लेंगे। आन्ध्रा से कुछ साथी पहुँच गये हैं, विद लेटेस्ट वैपन्ज़ *(अपूर्वा को)* तुम निकलो।

अपूर्वा : दिल्ली पहुँचना...।

सूर्यस्वामी : नो। यहीं आ रहा है। ह्यूमन राइट्स वालों की तरफ़ से। वह सरकारी गेस्ट हाउस में ठहरेगा। और सुनो। सब लोग ठीक से सुनो। न तो कोई उसका नाम लेगा न उस शहर का जहाँ वह लेक्चर देने आ रहा है।

अपूर्वा : लेकिन जाना कहाँ...?

सूर्यस्वामी : मोटरसाइकिल पर उस शहर में पहुँचा दी जाओगी। अब तुम हमसे कोई कांटेक्ट नहीं रखोगी। नो टेलीफ़ोन। नो मैसेज। हमारे आदमी गेस्ट हाउस के आसपास रहेंगे। गो। अपूर्वा गो।

अपूर्वा सुकान्त के सामने रुकी।

अपूर्वा : मुझसे मत रूठा करो बार–बार। जिस दिन मैं रूठ...।

तेज़ी से बाहर निकल गयी। घुँघरू का उदास संगीत।

सूर्यस्वामी : डॉक्टर सुकान्त। आप तीन दिन अपने अस्पताल रहेगा। दिन रात। एक मोमेंट के लिए बाहर नहीं निकलने का।

सुकान्त : आप आज वीर सेना पर हमला करेंगे, इसलिए।

सूर्यस्वामी : येस एंड नो। मरीज़। चौकीदार, कोई भी आपका गवाह होना चाहिए। टेक केयर।

सुकान्त : सूर्यजी...।

सूर्यस्वामी : बोलो डॉक्टर। नो फ़ियर।

सुकान्त : मैं उस आदमी का ख़ून...।

सूर्यस्वामी : नाम मत लेना। आपके चाहने से किसी को मारा नहीं जा सकता। संगठन फ़ैसला करता है। अपूर्वा इज़ द बेस्ट। यह काम उसे ही करना है *(सबसे)* ओ.के. वी आर मूविंग फ़ॉर द अटैक।

सुकान्त : मुझे अपूर्वा का पता कैसे चलेगा! कब लौटे...।

सूर्यस्वामी : *(उसके कन्धे पर हाथ)* हम लोगों में से कोई बतायेगा। शी विल नेवर कम बैक डॉक्टर। सॉरी। रिअली सॉरी।

उदास संगीत।

सब लोग गये।

प्रकाश छोटे–छोटे अन्तराल के साथ बुझना–जलना शुरू। सुकान्त लगातार अपने डिस्पेंसरी कमरे में बैठा। मंच के कोने पर बातचीत।

दारोगा : सर इन लोगों ने वीर सेना के गाँव पर अटैक...।

एस.पी. लक्ष्मन : गुड। दोनों को मरने दो। दोनों शत्रु। पुलिस फ़ोर्स गाँव से एक किलोमीटर दूर रहेगी। समझे?

दारोगा : तीस लोग पहले हल्ले में मार दिये। हथगोले फेंके। बाक़ी भाग निकले। हथियार छोड़कर। ये लोग जंगल में उनका पीछा कर रहे हैं। उनके ही ऑटोमैटिक हथियारों से उन्हें ख़त्म...। *(चुप्पी)*

एस.पी. : ओ माई गॉड। सूर्यस्वामी लीड कर रहा है। दि मोस्ट ड्रेडिड गुरिल्ला फ़ाइटर इन द कंट्री। अटैक का यह तरीक़ा उसका ही है। क्या अपूर्वा इस अटैक में...।

दारोगा : पता नहीं सर। लेकिन हमारे आदमियों ने उसे देखा नहीं।

एस.पी. : कैसे देखते। अपूर्वा यहाँ नहीं है। यह हमला सूर्यस्वामी ने हमारा ध्यान बँटाने, हमें मिसलीड करने के लिए किया है। डाइवर्ज़न टैक्टिक्स। अपूर्वा कहीं और है। किसी और को मारे...।

दारोगा : लेकिन प्रधानमन्त्री तो यहाँ नहीं...।

एस.पी. : ये लोग प्रधानमन्त्री जैसे यूज़लैस आदमी को नहीं मारते। क्लास एनेमी को मारेंगे। किसे? कौन? *(तेज़–तेज़ चलना शुरू)* अपूर्वा। यू कैन नॉट आउट फ़ॉक्स मी। तुम लोग किसके ख़िलाफ़ बोलते, लिखते रहे। किस *(रुका माथे पर हाथ। कुछ क्षण चुप्पी। हाथ हटाया। तनकर खड़ा हो गया)*।

एस.पी. : चल गया पता। आई नो। अपूर्वा। यू आर फ़ाइनली डैड। *(दारोगा से)* ह्यूमन राइट्स वालों की तरफ़ से कौन आ रहा है दिल्ली से?

दारोगा : रिटायर्ड जज, सर। उनका नाम...।

एस.पी. : मत लेना नाम। उस जगह का भी नहीं जहाँ आयेगा। जानता हूँ। पुलिस फ़ोर्स में उनके इन्फ़ॉर्मर हैं। यहाँ से कितनी दूर?

दारोगा : सर, 200 किलोमीटर। सड़क बहुत ख़राब। वहाँ पुलिस को फ़ोन...।

एस.पी. : नो। अपूर्वा को पता चल जायेगा। भाग जायेगी। मैं ख़ुद पकड़ूँ....।

दारोगा : सर, हेलीकॉप्टर।

एस.पी. : मुख्यमन्त्री दिल्ली ले गया। टू जीप्स। दस आदमी। किसी को मत बताओ कहाँ जा रहे हैं। चल जायेगा पता सबको जब पकड़ लूँगा। मूव। मूव इन फाइव मिनट्स।

दोनों गये। नगाड़े की आवाज़। अँधेरा–उजाला बार–बार सुकान्त पर। समय गुज़रने का सूचक। चुप्पी। नरेन का भागते हुए प्रवेश।

सुकान्त : अपूर्वा...।

नरेन : पता नहीं। आप भाग जायें। अब मास एरेस्टस होंगी। हम लोग अंडरग्राउंड...।

सुकान्त : क्यों भाग जाऊँ? मैं अपूर्वा को मिलूँ...।

नरेन : नहीं, अपूर्वा पकड़ी गयी तो नहीं खोजा जा सकता। पुलिस उसे इंटोरोगेशन सेंटर में रखेगी, शायद किसी और स्टेट में। पहले उसे तोड़ा जायेगा, ताकि हमारी मूवमेंट तोड़ी जा सके। जो भी उसे जानते हैं. पकड़े जायेंगे। रन। फ़ॉर गॉड सेक रन अवे डॉक्टर सुकान्त।

नरेन तेज़ी से बाहर भागा। इंस्पेक्टर का सिपाहियों के साथ प्रवेश।

इंस्पेक्टर : यू आर अंडर अरेस्ट डॉक्टर।

सुकान्त ने उसे धक्का दिया। वह फ़र्श पर गिरा। माथा टकराया। चीख़। बेहोश। सिपाही की पहली लाठी सुकान्त के माथे पर। वह सिर पकड़ नीचे बैठा। नगाड़े की डरावनी आवाज़। लाठियों की लगातार मार सुकान्त के शरीर पर। अब वह फ़र्श पर औंधा। नगाड़े की बहुत तेज़ आवाज़।

अँधेरा।

दृश्य दो

गेस्ट हाउस का बहुत अच्छा कमरा, बहुत अच्छा फ़र्नीचर, बहुत अच्छे व्यक्तित्व का बूढ़ा आदमी, बहुत अच्छे कपड़ों में। चौकीदार दरवाज़े पर आया।

चौकीदार : जज साहब, कोई महिला आपसे मिलना चाहती है?

जज : कौन मिलना...। यू मीन औरत। क्यों मिलना चाहती है।

चौकीदार : सर, बताया कि अख़बार की जजमेंट है।

जज : ओ बाबा। जजमेंट नहीं, जर्नलिस्ट। भेज दो अन्दर।

अपूर्वा का प्रवेश। मुस्करायी। कुछ क्षण के लिए जज़ देखता ही रहा। आँखों में प्रशंसा।

अपूर्वा : सर, मैं अपूर्वा हूँ। जर्नलिस्ट।

जज : प्लीज़ सिट डाउन। क्या कह पुकारें आपको। मिस या मिसेज़।

अपूर्वा : सर, केवल अपूर्वा। अभी मैरिज नहीं हुई।

जज : *(मुस्कान)* क्यों नहीं हुई? इतनी ख़ूबसूरत हैं आप। क्या सारे मर्द बेवकूफ़ हैं।

अपूर्वा : एक से बात तो चली। लेकिन है थोड़ा बेवकूफ़।

जज : एक ख़ूबसूरत लड़की को देख़कर इस कंट्री के नब्बे पर्सेंट मर्द बेवकूफ़ बन जाते हैं। अब रहेंगे तो यहाँ पर ही। सब बेवकूफ़ों को पाकिस्तान तो भेज नहीं सकते। फिर तो कंट्री ख़ाली हो जायेगा।

अपूर्वा : सर, मैं एनवायर्नमेंट पर आपका इंटरव्यू...।

जज : जानता हूँ। फ़ॉरेन जर्नलिस्ट आते हैं तो इसी सब्जेक्ट पर...

अपूर्वा : सर, आपकी वर्ल्ड शैकिंग जजमेंट के बाद...।

जज : मैंने कुछ नहीं किया अपूर्वा। आई टेक नो क्रेडिट। जब पब्लिक इंटरेस्ट पेटीशन पढ़ी तो बहुत सोचा। बहुत बार लगा गॉड हमें गाइड कर रहा है। सारे देश में जो कुछ ख़ूबसूरत है। हैल्दी है, डेस्ट्रॉय किया जा रहा है। जब जजमेंट लिखी शायद आधी रात का वक़्त रहा होगा। मुझे लगता है उस रात हमारी क़लम गॉड ने पकड़ी हुई थी।

अपूर्वा : येस सर। वर्ल्ड प्रेस ने कवरेज दी। भगवान की आवाज़ को तो अख़बारवाले भी इग्नोर नहीं कर सकते।

जज : लेट्स बी क्लीयर, क्या तुम एनवायर्नमेंट के अगेंस्ट हो। पहले प्रीमाईज़ तय कर लें। कैसे बुलाऊँ? अपूर्वा या अपूर्वा जी? आप या तुम?

अपूर्वा : आप इतने महान हैं सर। दुनिया भर के रोटरी क्लब और प्रेस क्लब हाथ बाँधे खड़े हैं–भाषण का समय दीजिए हमें। इस जैसे बैकवर्ड और वायलेंट एरिया में आप आये। मुझे जो मर्ज़ी बुलाइए।

जज : लेकिन यहाँ हम मानव अधिकार, मेरा मतलब ह्यूमन राइट्स की तरफ़ से आये हैं। रिटायर होने के बाद कई सोशल ऑर्गेनाइज़ेशंस में...।

अपूर्वा : जिन साठ लोगों की हत्या की गयी...।

जज : उन्हें कम्पन्सेशन दिलायेंगे।

अपूर्वा : मारनेवालों को सज़ा...।

जज : नो। यह क़ानून का काम है। लॉ मशीनरी...।

अपूर्वा : उन हत्यारों को आज रात दण्ड मिल जायेगा।

जज : व्हाट डिड यू से। कैसे सज़ा मिलेगी? अभी पकड़े नहीं गये। अभी केस नहीं चला। फिर...।

अपूर्वा : लोगों की अदालत। पीपुल्ज़ कोर्ट। जब सच आँखों से देखा हो तो गवाहियों की ज़रूरत नहीं होती।

जज : यू आर टॉकिंग ऑफ़ पॉलीटिकल टेररिज़्म। डोंट थ्रो ग्लोरी अराउंड दैम। पंजाब में ख़त्म हुआ, काश्मीर में हो रहा है। यहाँ भी हो जायेगा। लेट्स फ़र्गेट अबाउट दैम। नो डाईग्रेशन। मानना पड़ेगा अपूर्वा। तुम्हारे न्यूज़ रिसोर्सेज़ बहुत ज़ोरदार हैं। अच्छा छोड़ो। क्या तुम नेचर में सुधार और सफ़ाई के ख़िलाफ़ हो?

अपूर्वा : नो सर। सुधारों का बुख़ार नहीं चढ़ना चाहिए। तब हम बाबरी मस्जिद गिरा देते हैं। याद कीजिए। उस अधेड़ विधवा को यह बुख़ार चढ़ गया है। टी.वी. और अख़बारों में हमेशा जानवरों और रीछों की बातें करती है। कुछ नहीं लेना उसे गॉड की ग्रेटेस्ट क्रिएशन आदमी से। जब यह बुख़ार चढ़ जाये तो मीडिया और न्यूज़ में रहने की बीमारी भी बढ़ जाती है। जब दृष्टि–दायरा छोटा हो जाये तो सुधार सामाजिक रोग बन जाते हैं।

जज : क्या हार्मफुल नहीं गन्दी हवा और गन्दा पानी।

अपूर्वा : है। हार्मफुल है। लेकिन पर्यावरण कुछ लोगों और कुछ देशों का षड्यन्त्र है, कॉन्सपिरेसी है। अमेरिका से बढ़कर न्यूक्लियर वेस्ट, किलिंग गैसिज़ और दवाइयाँ कौन बनाता है? हमें यूनियन कार्बाइड द्वारा किये गये मास मर्डर्स अभी तक याद हैं। बड़ी बचकानी बातें की जा रही हैं एनवायर्नमेंट के नाम पर। हरे–हरे पेड़ों और लम्बी घासवाले वन तथा वहाँ सैर करता एक सुन्दर बाघ। न्यूज़ बनती है तो बाघ के मरने की। बकरी की नहीं। क्योंकि बाघ के लिए मरना उसका भाग्य है।

जज : तुम्हें तो जज होना चाहिए था अपूर्वा। व्हाट आगर्यूमेंट्स। व्हाट बाइटिंग लैंग्वेज। लेकिन मिलें और फ़ैक्टरियाँ अगर शहरों से शिफ़्ट कर दी जायें,

दूर गाँवों के पास लगायी जायें तो उन लोगों को रोज़गार मिलेगा कि नहीं।

अपूर्वा : नो सर! यह भ्रम है। सोचने का दोष। फ़ैलेसी। कुशल कारीगर शहरों से ही आयेंगे। इन लोगों को मज़दूरी का काम ही मिलेगा—कान्ट्रेक्ट लेबरर्स। फ़ैक्टरी के साथ आयेगी शराब की दुकान। सूदख़ोर बनिया और इस्टैब्लिशमेंट। तब ये लोग अपनी ज़मीन से कट जायेंगे। अपने परिवार से कट जायेंगे। बन जायेंगी इनकी बेटियाँ और बीवियाँ दस रुपये वाली रण्डियाँ। और तब। पुलिस और शासक वर्ग इन पर क्रिमिनल जाति होने की मोहर लगा देगा। सर, विकसित देशों ने एक हव्वा बना दिया है एनवा...।

जज : लेकिन वहाँ से हमें गाइडेंस...।

अपूर्वा : गाइडेंस नहीं सर, कॉन्सपिरेसी। विकास रोकने का षड्यन्त्र। 1972 में स्टॉकहोम में यू.एन.ओ. की कॉन्फ्रेस हुई थी। ब्राज़ील का तेज़ी से हो रहा विकास अमेरिका को सहन नहीं हो रहा था। अगर ब्राज़ील विकसित हो गया तो ख़त्म हो जायेगी हमारी इतनी एक्सपोर्ट मार्केट। तब ब्राज़ील ने गर्जना और घोषणा की थी—स्मोक इज़ द साइन ऑफ़ प्रोग्रेस। धुआँ विकास का प्रतीक है।

जज : ग्रेट अपूर्वा, ग्रेट्स। तुम फ़ैक्ट्स ख़ूब जानती हो।

अपूर्वा : मैं सब कुछ जानती हूँ। शायद आपको याद नहीं। रूलिंग और रिच क्लास की आपकी प्रधानमन्त्री भी बोली थीं उस कॉन्फ़्रेंस में। पता है क्या कहा था—पॉवर्टी इज़ द बिगेस्ट पॉल्यूटर। ग़रीबी सबसे ज़्यादा दूषण फैलाती है, सबसे ज़्यादा अपवित्र करती है।

जज : तो तुम अगेन्स्ट हो...।

अपूर्वा : नो सर। पर्यावरण हम सबका सरोकार है। किसे अच्छे नहीं लगते हरे–भरे वन! किसे अच्छी नहीं लगतीं निर्मल जल में तैरती मछलियाँ। किसे अच्छी नहीं लगती फूलों की सुगन्ध में नहाई हवा। किसे अच्छे नहीं लगते चमकीले पत्तों के आसपास भटकते परिन्दे। किसे अच्छे नहीं लगते बच्चों के गालों में दबे दहकते अंगारे। लेकिन मैं क्या करूँ सर। मुझे इन सबसे अच्छा लगता है आदमी।

जज : येस। यही तो मैंने लिखा अपनी जजमेंट में। एनवायर्नमेंट का सबसे बड़ा कन्सर्न है आदमी।

अपूर्वा : झूठ। रांग। आपके कन्सर्न थे पाँच परसेंट आदमी। यह देश केवल पाँच परसेंट लोगों का है, द इलीट्स, अभिजात वर्ग।

जज : नाउ यू आर टॉकिंग नॉनसेंस।

अपूर्वा : सच को शासक वर्ग हमेशा नॉनसेंस कहता है। आपने राजधानी में कितनी फैक्टरियाँ बन्द करवा दीं। अस्सी हज़ार लोगों का काम छिन गया, वे बेरोज़गार हो गये।

जज : पब्लिक इंटरेस्ट पेटिशन में सिर्फ़ फैक्टरियाँ बन्द करने की माँग...।

अपूर्वा : यह अधूरी जनहित याचिका अपने दोस्त से आपने ख़ुद करवायी थी। दूसरी जगह यह फैक्टरियाँ शुरू करने की माँग उसमें थी ही नहीं।

जज : *(नाराज़)* जानती हो एक जज पर इल्ज़ाम लगाने का मतलब। व्हाई शुड आई डू इट?

अपूर्वा : क्योंकि इससे तीन लोगों को फ़ायदा हुआ। मालिकों ने मुँहमाँगे दामों पर जगह बेची। बिल्डर्स ने वहाँ फ़ाइव स्टार अपार्टमेंट्स बनाये। इन द हार्ट ऑफ़

कैपिटल। और आपके दोस्त का पेट मोटा हो गया। अब तक पाँच बेकार मज़दूर आत्महत्या कर चुके हैं। पढ़ी यह न्यूज आपने?

जज : नॉन–पर्सन्स मरते ही रहते हैं। कौन पढ़ता है ऐसी न्यूज़।

अपूर्वा : येस सर। वह दिन दूर नहीं जब नब्बे परसेंट लोग नॉन–पर्सन्स बना दिये जायेंगे। दो टाँगोंवाले जानवर, जिनके लिए कोई स्थान नहीं इस देश में। आपको शायद पता नहीं। इस तरह की पाँच पेटिशंज और दाख़िल हो चुकी हैं। बहुत से लोगों को नॉन–पर्सन्स बनाने की कॉन्सपिरेसी।

जज : कोर्ट में मैरिट पर फ़ैसला...।

अपूर्वा : नो सर, रिश्वत के बेस पर अब फ़ैसले होते हैं।

जज : *(गुस्सा)* किस फ़ायदे की बात कर रही हो बार–बार। जानती हो, एक जज़ पर इल्ज़ाम लगाना जुर्म...।

अपूर्वा : जज नहीं सर। रिटायर्ड जज। एक नॉन पर्सन।

जज : *(उदास)* ठीक कहती हो तुम। लेकिन...।

अपूर्वा : सर, उस तीस करोड़ का क्या हुआ?

जज : *(गुस्सा)* कैसे तीस...।

अपूर्वा : जो आपने सिंगापुर जाकर लिए थे। विदेशी बैंक में जमा करा दिये।

जज : डोंट टॉक नॉनसेंस। हू सेज़...।

अपूर्वा : सबको पता है। सब जानते हैं। लेकिन इस्टेब्लिशमेंट आपको पकड़ेगी नहीं। ख़ुद एक्सपोज़ हो जायेंगे।

जज : अब क्या हो सकता है। यू आर वेरी लेट।

अपूर्वा : हो सकता है। ऐसी पेटिशंस डिसमिस...।

जज : रबिश। तुम जज को कैसे डरा सकती हो?

अपूर्वा : *(पर्स खोलना शुरू)* डरा सकती हूँ। तुम्हें मारकर डरा सकती हूँ। अस्सी हज़ार मज़दूर को एक लम्बी मौत देनेवाले को मार कर।

नगाड़े की डरावनी आवाज़ आनी शुरू।

जज : मत मारो। प्लीज़ डोंट किल मी। आई विल टेंडर पब्लिक अपॉलोजी। मुझे मारकर तुम बच नहीं सकतीं। कहाँ भागो...

अपूर्वा : मैं भागूँगी नहीं।

जज : तब पकड़ी...।

अपूर्वा : इसीलिए नहीं भागूँगी। युद्ध घोषणा छिपकर नहीं की जाती। अब हम लोग आमने–सामने युद्ध करेंगे। ताकि तुम जैसे आदमी के शत्रु डरें। अब तुम ख़ुद एक नॉन–पर्सन बन गये हो। इस देश को तुम्हारी कोई ज़रूरत नहीं। मैं अपूर्वा तुम्हें मृत्युदण्ड देती हूँ। अस्सी हज़ार लोगों और उनके परिवारों को ज़िन्दा मारने के लिए।

बाहर तेज़ क़दमों की आवाज़। अपूर्वा ने रिवॉल्वर जज़ की कनपटी पर रखा।

एस.पी. और दारोगा का प्रवेश।

एस.पी. : नो अपूर्वा। नो। डोंट शूट।

अपूर्वा : *(मुस्कराकर)* सर, आप थोड़ी देर से पहुँचे। *तीनों शिलित। नगाड़े की आवाज़। विजय सूचक आवाज़।*

अँधेरा।

दृश्य तीन

जेल का मुलाक़ात कमरा। साधारण–सी मेज़, आमने–सामने एक–एक कुर्सी। दीवार के साथ बेंच। कोई सजावट नहीं। सूर्यस्वामी, नरेन तथा तीन

युवक खड़े चुपचाप। सुकान्त बेंच पर बैठा। माथे पर घाव का बड़ा निशान। क़दमों की आवाज़। पहले दो वार्डर आये, दरवाज़े पर खड़े हो गये। अपूर्वा का सधे क़दमों से प्रवेश। क़ैदियोंवाली साड़ी। बाल कसकर बँधे हुए। घुँघरू की मधुर आवाज़। थोड़ा ऊँची फिर एकदम बन्द। सब लोग तेज़ी से अपूर्वा की तरफ़ बढ़े। एक साथ अपूर्वा के हाथ पकड़े, छोड़े।

सूर्यस्वामी : कैसी हो अपूर्वा।

अपूर्वा : *(मुस्कान)* ठाठ हैं, फ़क़ीरों वाले। भीतर बसन्त गा रहा है।

अपूर्वा ने बेंच पर बैठे सुकान्त को देखा। तेज़ी से उसके पास गयी। घाव देखा।

अपूर्वा : किसने किया यह घाव? हू डेयर हिट यू?

किसी ने जवाब नहीं दिया। छोटी–सी चुप्पी।

अपूर्वा : *(गुस्सा)* बोलते क्यों नहीं तुम लोग? किसने मारा मेरे सुकान्त को? कहाँ थे तुम सब लोग?

युवक–एक : पुलिस ने मारा।

युवक–दो : पुलिस पकड़ने आयी। धक्का दिया। सब–इंस्पेक्टर का माथा फूट गया। शुरू हो गयी पुलिस लाठियों से मारना।

अपूर्वा फिर सुकान्त के पास।

अपूर्वा : इतने महीने केस चलता रहा। एक बार भी मिलने नहीं आये। डर गये। कहीं तुम्हें भी...।

नरेन : डॉक्टर साहब जेल में थे। पुलिस पर हमला करने के कारण छह महीने की क़ैद।

अपूर्वा : मुझे क्यों नहीं बताया कि सुकान्त जेल...।

सूर्यस्वामी : ऐसी ख़बरें हम लोग नहीं देते। यू नो वैरी वैल।

अपूर्वा : जेल में सुकान्त को.....

सूर्यस्वामी : बहत मारते थे। डॉक्टर साहब बहुत वायलेंट हो गये हैं। जेल में किसी वार्डर ने गाली दी। उसे बहुत मारा। एवरीडे वे डॉक्टर को मारते थे। यह भी मौक़ा मिलते ही फिर मार बैठते थे। ठीक चल भी नहीं सकते। टाँग... ।

अपूर्वा : *(सुकान्त को झिंझोड़ा)* उठो। मुझे चलकर दिखाओ। टाँग तोड़ दी। तुम लोग उस वार्डर का ख़ून...

नरेन : धमकी दी। उसके घर जाकर। बच्चों को मारने की धमकी देनी पड़ी। तब उन लोगों ने डॉक्टर सुकान्त को मारना बन्द किया। *सुकान्त उठकर चला। थोड़ा लँगड़ाकर।*

अपूर्वा : *(उसके कन्धे पर हाथ)* क्या कर दिया मैंने। इतना ख़तरनाक बनने को थोड़े कहा था। *(घुँघरू की उदास आवाज़ सुकान्त फिर बेंच पर।)*

अपूर्वा : तुम मुझसे बोलते क्यों नहीं रे? मेरे पास मनाने का समय नहीं। मत रूठो, प्लीज़ सुकान्त, मत रूठो मुझसे।

नरेन : नाराज़ हैं कि इन्हें क्यों नहीं मारने दिया उस जज को। कहते हैं हमें इन पर विश्वास नहीं। तुमने धोखा दिया।

अपूर्वा : नहीं दिया तुम्हें धोखा रे। नहीं किया किसी से प्यार जेल में। हाँ, जेलर बहुत प्यार करता है, दिन–रात अपील करने की सलाह देते–देते उसका गला बैठ गया।

युवक–तीन : डॉक्टर साहब कहते हैं कि वह भी कर सकते... ।

अपूर्वा : सुकान्त, केवल चाहने–भर से हम किसी को मार नहीं सकते। तुम्हें तो फ़्यूज़ लगाना भी नहीं आता। चला लेते रिवॉल्वर? देखा है कभी छूकर? तुम

मारने जाते तो क्या होता? मैं बताती हूँ। तुम पकड़े जाते और वह बच जाता। आसान नहीं मारना। किसी के प्राण लेने से पहले एक लम्बी लड़ाई होती है। हमारे अन्दर होती लड़ाई। बहुत कठिन होता है किसी के प्राण लेना।

वार्डर : जेलर साहब आ रहे हैं।

अच्छे कपड़ों में जेलर का प्रवेश। सीधे अपूर्वा के पास पहुँचा।

जेलर : जेल के बाहर मैदान में हज़ारों लोग बैठे हैं। आदिवासी, मज़दूर, मर्द, औरतें और बच्चे। चुपचाप। आपस में बिल्कुल नहीं बोल रहे। कहीं ये लोग अपूर्वा को बचाने के लिए जेल पर अटैक...।

सूर्यस्वामी : नहीं करेंगे अटैक। उन्हें समझा दिया गया है। बता दिया आज रात शहर में कर्फ़्यू लगा दिया जायेगा। रैपिड ऐक्शन फ़ोर्स की दो बटालियनें। कोई बाहर नहीं निकल सकेगा। ये लोग पहले से घरों से बाहर आ गये। अपूर्वा की डेड बाडी लेंगे। अन्तिम संस्कार करेंगे।

जेलर : अपूर्वा, तुमने बताया नहीं डेड बॉडी किसे देनी है? मुझे होम–सेक्रेटरी को लिखकर इन्फ़ॉर्म करना है।

अपूर्वा : *(मुस्कान)* जो मर गया उसकी क्या इच्छा। आप ही जला दीजिए न। लकड़ियों का ख़र्चा ये लोग दे देंगे।

जेलर : *(लगभग चीख़ती आवाज़)* कल सुबह तुम्हें फाँसी लगेगी और तुम मुस्करा रही हो। यू विल बी हैंग्ड टिल डेथ। मौत का मज़ाक़ नहीं उड़ाते अपूर्वा। यू आर ए क्रुअल वोमेन। मैं पूछता हूँ, तुम्हें मौत से डर नहीं लगता?

अपूर्वा पास गयी। जेलर के हाथ छुए।

अपूर्वा : लगता है सर। मुझे बहुत डर लगता है मृत्यु से। बहुत डर लगता है। मैं क्रुअल औरत नहीं हूँ, सर। बिल्कुल नहीं हूँ।

जेलर : तो तुम अपील...।

अपूर्वा : नहीं। हम लोग अपील नहीं किया करते। निर्धन और निहत्थे लोगों को उस कोर्ट से हमेशा फाँसी की सज़ा मिलती है। पिछले दस सालों के रिकॉर्ड देख लें। किसी भी अमीर आदमी को फाँसी हुई है क्या? नहीं। ये लोग कोई बहुत बड़ा वकील करते हैं, फिर पैसा क़ानून की कोई नयी व्याख्या, इंटरप्रिटेशन करता है, और बदल दी जाती है फाँसी की सज़ा कुछ सालों की क़ैद में। राजधानी की जेल में कुछ साल कमरे में टी.वी., कम्प्यूटर, फ़ोन, अच्छे होटल से अच्छा खाना, कट जाती है मज़े में कुछ साल की क़ैद। नहीं करते हम लोग इस कोर्ट में अपील। इट इज़ पार्ट ऑफ़ द सेम सिस्टम अगेंस्ट विच वी आर फ़ाइटिंग।

वार्डर : *(जेलर से)* सर, एस.पी. साहब आ रहे हैं।

जेलर, वार्डर सीधे खड़े हो गये। चुस्त चाल से एस. पी. लक्ष्मन का प्रवेश। सीधा अपूर्वा के सामने ठहरा। उसके सिर को छुआ।

एस.पी. : आई एम सॉरी। आई एम रिअली सॉरी अपूर्वा। मे गॉड बी विद यू।

अपूर्वा : *(उदास)* ही हैज ऑलरेडी लैफ्ट मी सर।

अपूर्वा : *(सूर्यस्वामी से)* सुनो सूर्य। मेरे सुकान्त को किसी और प्रदेश में ले जाना। वहाँ प्रैक्टिस कर लेगा।

(आज्ञा देती आवाज़) सब सुनो। सुकान्त को मरने मत देना रे।

सूर्यस्वामी : मौत प्रदेश देखकर नहीं आती। डेथ हैज अपॉइंटमेंट विद एवरीवन ऑफ़ अस।

अपूर्वा सुकान्त के पास गयी।

अपूर्वा : तुमने आज बालों में कंघी क्यों नहीं की?

सुकान्त : *(चुप रहा।)*

अपूर्वा : सुन सुकान्त। मैं फ़ैमिली प्लानिंग में विश्वास नहीं रखती।

सबने हैरानी से उसकी तरफ़ देखा।

अपूर्वा : तुमसे शादी होती तो परिवार नियोजन बिल्कुल न करती। पूरे सात बेटों और एक बेटी को जन्म देती।

युवक : इतना बड़ा परिवार?

अपूर्वा : हाँ। सात भाई उसकी रक्षा करते। फिर कौन दे सकता उसे मृत्युदण्ड। डेथ सेंटेंस।

घुँघरू की उदास आवाज़।

अपूर्वा : बोल सुकान्त। बोल रे। जब फाँसी का फन्दा गले में पड़ेगा तो तुम्हारे अन्तिम वाक्य के अन्तिम शब्द याद कर लूँगी। *(एकदम भयभीत आवाज़)* मुझे रोक लो सुकान्त। मुझे रोक लो रे।

सुकान्त : *(उठा। उसके पास थोड़ा रुका, लँगड़ाकर गया। कन्धे पर हाथ रखा)* अब कहाँ है हमारे बस में तुम्हें रोकना। जाना होगा। तुम्हें जाना ही होगा। बन गयी हो अब तुम सबसे उदास कविता। औरत सबसे उदास कविता होती है। लगातार संघर्ष करता लेकिन लगातार पराजित होता मज़दूर सबसे उदास कविता है। खेतों में शिशु को जन्म देती माँ सबसे उदास कविता है। निर्धनता सबसे उदास कविता है। बातूनी लड़की का अचानक चुप हो जाना सबसे उदास कविता है। मर रहे आदमी के बोले हुए अन्तिम वाक्य के जब अन्तिम शब्द याद रह जाते हैं, वह सबसे उदास कविता है।

छोटी चुप्पी। उदास संगीत। अपूर्वा ने पहले सुकान्त की ओर देखा, फिर सबकी ओर। आत्मविश्वास और गर्व से कविता पढ़नी शुरू की।

आ और मुझे अपनी अँधेरे के तागों से बुनी शॉल में ढाँप ले।

आ मेरी पलकों को सदा के लिए मूँद देनेवाली नींद आ!

मेरी अन्तिम साँसों की सौदागर आ।

जीवन के सारे दृश्य को मेरी आँखों की स्लेट से मिटा देनेवाली ओ दुष्ट बुढ़िया आ।

आ कि अब कुछ भी नहीं है तेरे पास ले जाने को।

आ कि इस देह के सिवा कुछ भी नहीं है
तेरे पास ले जाने को!

आ कि पूरे कर चुकी है सारे संकल्प यह देह

आ कि हर फ़ाइल पूरी की जा चुकी है

आ कि दे दिये हैं सारे ख़तों के उत्तर

आ कि अन्याय का प्रतिकार किया जा चुका
प्रतिशोध लिया जा चुका।

आ कि मुझे तुझसे कोई प्रेम नहीं
पर आ कि अब भय भी नहीं कोई।

एकदम चुप्पी। कुर्सी पर बैठी अपूर्वा ने सिर मेज़ पर रख दिया। सबके सिर थोड़े झुक गये। सुकान्त अपलक सामने देखता हुआ। सूर्यस्वामी अपूर्वा के पास आया। उसके माथे पर हाथ रखा। अपूर्वा ने उसकी ओर देखा।

सूर्यस्वामी : जो सूरज डूबता है, उदय भी होता है। जो बच्चा जन्म लेता है, बड़ा होता है, संघर्ष करता है। हमें लम्बी लड़ाई लड़ने की आदत है। और नहीं थम जाती यह लड़ाई किसी एक के मरने से। याद करो। क्या कहा है शेक्सपियर ने। कायर हज़ार बार मरते हैं मौत आने से पहले और योद्धा केवल एक बार वरण करते हैं मृत्यु का।

अपूर्वा उठी। चेहरे पर गर्व और विजय भावना। पीछे बाँधे बाल खोले। सिर झटका। बाल कन्धों पर। प्रकाश–वृत्त अब सिमट कर केवल अपूर्वा पर। उसने बोलना शुरू किया।

किसी की मृत्यु से रुकता नहीं कुछ भी
किसी की मृत्यु से रुकता नहीं संघर्ष।
झरता है एक पत्ता तो एक नया अँखुआ फूटता है
आसमान भर जाता है नये परिन्दों की उड़ानों से
नदियों में नयी मछलियाँ जन्म लेती हैं
दूर तक फैलती जाती है हरियाली
धूल में उभरते हैं नये बच्चों के पाँव के निशान

मृत्यु से रुकता नहीं कुछ भी
मृत्यु से थमता नहीं कुछ भी

चलता, चलता ही जाता है जीवन निरन्तर...।

प्रकाश–वृत्त कम होना शुरू। अपूर्वा के चेहरे पर चिरपरिचित मुस्कान

अँधेरा

पर्दा गिरता है।

□□